CIDADES SUSTENTÁVEIS
CIDADES INTELIGENTES

```
L533c    Leite, Carlos
            Cidades sustentáveis, cidades inteligentes :
         desenvolvimento sustentável num planeta urbano / Carlos
         Leite, Juliana di Cesare Marques Awad. – Porto Alegre :
         Bookman, 2012.
            xiv, 264 p. : il. color. ; 25 cm.

            ISBN 978-85-7780-965-3

            1. Arquitetura. 2. Arquitetura sustentável – Aspectos
         ambientais. I. Awad, Juliana di Cesare Marques. II. Título.

                                                        CDU 728
```

Catalogação na publicação: Ana Paula M. Magnus – CRB 10/2052

Carlos Leite
Juliana di Cesare Marques Awad

CIDADES SUSTENTÁVEIS
CIDADES INTELIGENTES

Desenvolvimento sustentável num planeta urbano

bookman

2012

© Grupo A Educação S.A., 2012

Capa e projeto gráfico: *Rosana Pozzobon*

Foto de capa: ©*Tuca Vieira*

Preparação de originais: *Maria Lúcia Badejo*

Leitura final: *Suzana de Azeredo Gonçalves*

Coordenação editorial: *Denise Weber Nowaczyk*

Editoração eletrônica: *Techbooks*

Reservados todos os direitos de publicação, em língua portuguesa, à
BOOKMAN COMPANHIA EDITORA LTDA., uma empresa do GRUPO A EDUCAÇÃO S.A.
Av. Jerônimo de Ornelas, 670 – Santana
90040-340 – Porto Alegre – RS
Fone: (51) 3027-7000   Fax: (51) 3027-7070

É proibida a duplicação ou reprodução deste volume, no todo ou em parte, sob quaisquer formas ou por quaisquer meios (eletrônico, mecânico, gravação, fotocópia, distribuição na Web e outros), sem permissão expressa da Editora.

Unidade São Paulo
Av. Embaixador Macedo Soares, 10.735 – Pavilhão 5 – Cond. Espace Center
Vila Anastácio – 05095-035 – São Paulo – SP
Fone: (11) 3665-1100   Fax: (11) 3667-1333

SAC 0800 703-3444 – www.grupoa.com.br

IMPRESSO NO BRASIL
PRINTED IN BRAZIL

O AUTOR

Carlos Leite, arquiteto e urbanista, é professor, consultor e palestrante em cidades sustentáveis e desenvolvimento urbano sustentável. Mestre e Doutor pela Faculdade de Arquitetura e Urbanismo da Universidade de São Paulo, realizou pós-doutorado na Universidade Politécnica da Califórnia, onde foi professor convidado, na área de *urban-economic sustainable development*. É professor na Faculdade de Arquitetura e Urbanismo da Universidade Presbiteriana Mackenzie desde 1997 e professor visitante na Fundação Dom Cabral e na Fundação Instituto de Administração (FEA USP) em cursos de MBA em Gestão Ambiental e Desenvolvimento Sustentável e no Instituto Europeo di Design (Green Design). É coordenador do Laboratório de Co-criação em Territórios Informais (LCCTI). Tem sido palestrante e professor visitante em diversas instituições internacionais na Califórnia, em Boston e Nova York, no Canadá, na Holanda, Espanha e Austrália. Autor de diversos projetos urbanos e desenvolvimento urbano sustentável, Carlos Leite é sócio-diretor de Stuchi & Leite Projetos, em São Paulo (www.stuchileite.com), e editor do blog Cidades Sustentáveis + Inteligentes (www.cidadesinteligentes.blogspot.com).

Este é seu primeiro livro, congregando quinze anos de pesquisa na área de desenvolvimento urbano sustentável, da teoria à prática, de suas mais de quarenta visitas às "cidades que se reinventaram" pelo mundo, aos seus projetos urbanos nos territórios formais e informais em São Paulo.

APRESENTAÇÃO

Cidades Sustentáveis, Cidades Inteligentes conduz com consistência e desenvoltura o leitor pelo desafiador e intrincado panorama que envolve os temas da cidade, desenvolvimento e sustentabilidade.

Destaca aspectos caros à qualidade de vida urbana, como densidade, diversidade, mobilidade, identidade, em um equacionamento que, sem diminuir os dilemas que afligem as metrópoles, exalta o seu potencial de transformação positiva, inovação e convergência.

Fruto da sólida experiência profissional e acadêmica de seu autor, e enriquecido por referências conceituais atuais e abrangentes e estudos de caso de especial pertinência, *Cidades Sustentáveis, Cidades Inteligentes* oferece uma leitura instigante e capaz de alimentar com substância reflexões e soluções para o *desenvolvimento sustentável num planeta urbano*.

Jaime Lerner, Curitiba

PREFÁCIO

Este livro tem a idade de minha vida de pesquisador. São 15 anos de pesquisas sobre o tema da regeneração urbana e desenvolvimento urbano sustentável. Entre mais de uma década como professor de projetos urbanos na Universidade Presbiteriana Mackenzie, mestrado e doutorado realizados na Universidade de São Paulo (USP), pós-doutorado feito na Universidade Politécnica da Califórnia e inúmeras viagens acadêmicas e profissionais para mais de 40 cidades do mundo, tive oportunidades riquíssimas de tentar desenvolver alguns projetos urbanos, particularmente no território da orla ferroviária de São Paulo.

Em 2010, em minha estada como *visiting scholar* junto à Universidade da Califórnia em Berkeley, definiu-se a oportunidade de juntar a experiência acumulada e colocá-la num livro, que vinha sendo pensado há alguns anos. Assim, foi sentado na aconchegante biblioteca do tradicional Berkeley City Club, um castelinho de 1929 projetado pela primeira arquiteta da Califórnia, Julia Morgan, que comecei a redigir o livro – a dica foi dada, com carinho, por Teresa Caldeira.

Juliana Marques foi minha mais competente aluna de mestrado na FAU Mackenzie e iniciou ali uma carreira acadêmica promissora, passando pelo Massachusetts Institute of Technology (MIT) e pela Faculdade de Arquitetura e Urbanismo da USP (FAU-USP), sempre aprofundando, interdisciplinarmente, os temas da regeneração urbana e reestruturação produtiva e o papel dos *clusters* urbanos inovativos. Ela é a autora dos Capítulos 5 e 6.

Uma série de depoimentos toma a parte final do livro. A ideia era simples: convidar alguns atores urbanos – *stakeholders* e estudiosos da cidade – para dar suas ricas e plurais contribuições ao tema investigado. A questão era simples, as respostas, obviamente, não: por que São Paulo, a despeito de ser a décima terceira megacidade mais rica do planeta e de agregar as maiores concentrações de capital – financeiro, empreendedor, educacional, criativo/inovador –, não consegue implementar seus projetos de redesenvolvimento de áreas centrais obsoletas (a Diagonal Sul, por exemplo)?

Ao deixar Berkeley, tive a oportunidade de debater o tema com Alan Jacobs, por oito anos diretor do Departamento de Planejamento da Cidade de São Francisco. Em meio à conversa sobre como implementar os projetos de redesenvolvimento em São Francisco Mission Bay e em São Paulo, ele me interrompeu perguntando como era a trama das ruas da Diagonal Sul. Perguntou-me por que, invariavelmente, nos apaixonamos pelas mesmas grandes cidades – Nova York, Paris, Londres – ou pelas mesmas cidades-ícone – Veneza, Barcelona, Amsterdã, Rio.

Mostrou-me, então, um imenso painel com dezenas de imagens de cada cidade, figura-fundo preto e branco, sempre na mesma escala e mesmo tamanho/recorte territorial, 1 x 1 milha, e o resultado de sua pesquisa de oito anos, analisando-as: estas cidades preferidas eram as que possuíam o maior número de entroncamentos entre ruas, revelados nas figuras dos *grides*. A quantidade de ruas e esquinas era determinante na qualidade daqueles territórios: quanto mais ruas e esquinas, mais aprazível o ambiente urbano.

Com olhar desafiador, levou-me, então, ao segundo bloco: figuras dos territórios com poucas ruas e poucos entroncamentos, grandes espaços territoriais com poucas ruas. Vários eram resultantes de projetos de redesenvolvimento urbano, operações urbanas de grande porte promovidas por incorporadores privados em cidades americanas e europeias. Sentou-se e soltou a conclusão: o mais importante é a rua. As cidades não podem permitir que se percam suas ruas e esquinas sob o risco de se tornarem ambientes inóspitos, sem a desejável vida urbana, o que me fez retornar à tese que tenho defendido quando se debate as (não) intervenções urbanas em São Paulo: as áreas são tão grandes que imobilizam todos os interessados. As operações urbanas possuem territórios tão gigantescos que jamais poderiam ser fruto de projetos urbanos realistas e consequentes, que dirá com a desejável dimensão das ruas e esquinas.

Temos um problema de escala, ou, como diria Koolhaas, de *bigness*. O desafio, portanto, é equacionar os interesses em jogo. O tabuleiro urbano é complexo e com inúmeros jogadores de interesses diversos.

Em inúmeras cidades como a minha, São Paulo, os desafios por uma cidade mais sustentável passam em larga medida pela solução urgente – e possível – dos maiores gargalos e da inclusão social.

Existem grandes expectativas e apostas no Brasil neste momento de pujança econômica, inserção no mapa mundial dos recursos ambientais e desafios para o desenvolvimento sustentável e de eventos de porte, com definição de metas ambientais importantes. Esbarra-se, porém, em limitações de disponibilidade tecnológica, de custos e dos gargalos de infraestrutura para viabilizar algumas das expectativas.

As nossas cidades mais sustentáveis são possíveis se reinventadas com os necessários pilares econômico, ambiental e social. A boa notícia é que "cidade sustentável" virou pauta relevante na sociedade. É o novo jogo do tabuleiro urbano.

Este livro busca lançar um pouco de luz nova nesse tabuleiro, a partir da ideia central de que nada é pior do que o jogo não jogado, em que todos perdem. Na verdade, ao não fazer nada, todos já estão perdendo. Em megacidades como São Paulo, perdendo muito. Afinal, como diria Jane Jacobs, novas ideias são formadas pela combinação das velhas ideias e da riqueza de inspiração dentro de áreas urbanas densas, que permitem a fertilização intelectual mais facilmente.

SUMÁRIO

Parte I | Conceitos | 1

1. As cidades se reinventam | 3
2. Planeta urbano, desenvolvimento sustentável | 19
3. Mutações urbanas | 49
4. Nova economia e cidade | 67
5. Regeneração urbana e reestruturação produtiva | 81
6. Economia criativa, inovação e clusters urbanos | 103
7. Cidades sustentáveis: cidades compactas, cidades inteligentes | 131

Depoimentos | 177

Parte II | Casos | 193

A Orla Ferroviária de São Paulo (Diagonal Sul) | 199

Cluster urbano I Montreal Ateliers Angus | 215

Cluster urbano I 22@ Barcelona | 227

Cluster urbano I São Francisco Mission Bay | 237

Conclusão | 247

Referências | 251

Crédito das imagens | 259

Agradecimentos | 261

Índice | 263

As cidades são o maior artefato já criado pelo homem.
Sempre foram objetos de desejos, desafios, oportunidades e sonhos.

PARTE I
CONCEITOS

Praça do Patriarca, Centro, São Paulo

Fui para os bosques viver de livre vontade, para sugar todo o tutano da vida. Para aniquilar tudo o que não era vida, e para, quando morrer, não descobrir que não vivi!
Henry David Thoreau, escritor, 1848.

Se você deseja viver verde, viva na cidade.
Alex Steffen, ambientalista, 2006.

1
AS CIDADES SE REINVENTAM

Em 1930, o economista John Keynes previu que a humanidade, dali a cem anos, iria enfrentar seu problema permanente: como usar a liberdade de preocupações econômicas prementes, como ocupar o lazer que a ciência e os ganhos econômicos lhe trariam para viver bem, sábia e agradavelmente?

Agora que faltam apenas 20 anos para o cenário proposto por Keynes, talvez seja oportuno nos debruçarmos sobre a grande questão do século: o planeta urbano. Afinal, se o século 19 foi dos impérios e o 20, das nações, este é o das cidades. E as imensas inovações que ora se anunciam ocorrerão no território urbano.

Domingo, 18 de abril de 2010, 9h30. Uma elegante jovem negra corre pela calçada limpa e com piso semipermeável, concentrada no exercício matinal na primavera de sol. Ao virar na King Street, algumas cédulas caem de seu short sem que ela perceba. Ato contínuo, o jovem loiro, aparentemente um *junkie* típico das metrópoles contemporâneas ricas, deixa seu banco onde lia o jornal – mobiliário urbano de design impecável –, pega as notas no chão e berra pela atenção da garota que segue em frente sem escutá-lo, iPod ligado. Fico cada vez mais atento à cena urbana. Ele põe-se a correr atrás dela e, na outra esquina, onde ela para esperando a sinalização sonora para travessia da rua após a passagem do MUNI (o moderno trem urbano), finalmente consegue abordá-la. Conversa rápida, sorrisos trocados, agradecimentos gentis. Ele adentra o café da esquina.

A cena seria banal em qualquer megacidade desenvolvida não fosse a sua localização no tempo e espaço: São Francisco Mission Bay, 2010. Esse território metropolitano estava há 10 anos totalmente abandonado, apesar de imediatamente vizinho ao centro de São Francisco.

Ainda não tem o charme excitante da cidade que fazia Gavin Elster enciumar-se de Madeleine a cada passeio urbano dela no clássico filme de Hitchcock (*Um Corpo que Cai*, 1958), porém esta antiga área portuária da cidade caminha para isso, está se reinventando.

"A população cresceu mais de dez vezes em dez anos, esta tem sido uma enorme experiência, é como ver emergir algo do nada" diz Corinne Woods, uma das novas usuárias desta "nova cidade dentro da cidade" (são 122 quarteirões) (Nevius, 2010).

Visitei Mission Bay pela primeira vez há seis anos, e a transformação era ainda objeto de imensas dúvidas entre os especialistas acadêmicos, que a viam com reticência. Instalava-se naquele momento o que chamamos de a mola propulsora da regeneração urbana e reestruturação produtiva, o elemento-âncora: o novo centro de pesquisas em biotecnologia da Universidade da Califórnia com 170 mil m^2 de laboratórios e centros de pesquisa.

Naquele domingo ensolarado, testemunhei a vida urbana cotidiana ali ocorrer. Há um novo bairro, como dizem os jornais de São Francisco. Moradia de classe média em prédios de 4 a 10 pavimentos em meio à mistura de usos – cafés, comércio, serviços. Alguns são de luxo, chegando a 1 milhão de dólares a unidade. Parques, nova frente d'água com paisagismo contemporâneo e implantação de todo o repertório contemporâneo de *green design*. Até agora, 3 mil pessoas já se mudaram para o novo território, que está 35% construído e, daqui a 15 anos, espera-se ter 11 mil habitantes.

A síntese da história? Projeto urbano de grande porte sendo realizado. Reestruturação produtiva de antiga área industrial obsoleta. Regeneração urbana em metrópole contemporânea. *Cluster* de biotecnologia implementado como força motriz de território inovador. Concentração de capital de talento humano, educacional, empreendedor. Diversidade de usos. Boa densidade em área central metropolitana (contraponto inovador e desafiador à classe média americana habituada a morar nos subúrbios de baixíssima densidade urbana). Transporte público de alta qualidade – MUNI, trens regionais e o Bay Area Rapid Transit (BART – sistema de trens que interliga toda a Bay Area, a área metropolitana de São Francisco, com seus quase 8 milhões de habitantes).

Críticas? Inevitáveis em transformações urbanas deste porte, em qualquer parte do mundo. "Gentrificação": neste caso praticamente não havia população local residente a "ser expulsa", mas houve um enorme aumento no valor do solo, que foi parcialmente amenizado pela diretriz governamental de oferecer uma parcela de habitação subsidiada (*affordable housing*). "Falta de senso de lugar" (*sense of place* ou *public realm*): ainda falta a sempre desejável dimensão urbana nas ruas e praças que só o tempo e o uso darão. "Rompimento com a tradição urbanística" dos bairros de São Francisco: como construir novo território equivalente a 122 quarteirões com a arquitetura contemporânea?

A grande questão que se coloca é: O que é mais sustentável – econômica, ambiental e socialmente – na transformação das metrópoles contemporâneas: refazer os seus imensos territórios centrais rarefeitos com os paradigmas contemporâneos ou deixar a cidade crescer de modo difuso ocupando áreas distantes e pouco urbanizadas (*urban sprawl*)?

Acredito que o desenvolvimento urbano sustentável impõe o desafio de refazer a cidade existente, reinventando-a. De modo inteligente e inclusivo.

Cidade reinventada. Cidade inovadora. Cidade criativa

Externalidades espaciais invejáveis aos teóricos da economia urbana: de Jane Jacobs – a canadense que pioneiramente anunciou os potenciais da diversidade urbana que metrópoles como a sua querida Nova York traziam como diferencial de crescimento econômico e riqueza de vida coletiva – a Edward Glaeser, o guru de Harvard das externalidades econômicas que as metrópoles contemporâneas proporcionam; de Richard Florida, o acadêmico-*popstar* que cunhou o conceito das cidades criativas, ao prêmio Nobel de Economia, Paul Krugman, defensor das maiores densidades urbanas.

Quarenta anos atrás, Jane Jacobs mostrou-nos que o sutiã não foi inventado por especialistas em lingerie, mas por uma costureira experimental de Nova York, que logo reconheceu a procura por sua nova criação numa cidade ávida por inovação e experimentação, povoada por uma concentração única de diversidade social.

Nova York continua repleta de pessoas inovadoras e criativas que estão liderando a sua reinvenção quando, no fim do século passado, especialistas preconizaram seu declínio – o declínio da maior megacidade do século 20, 18 milhões de habitantes, seria inexorável numa sociedade informacional e onde o lugar perderia relevância, quando, na verdade, a *e-society* só fez valorizar o ambiente real. (Megacidades são oficialmente definidas pela Organização das Nações Unidas como cidades com mais de 10 milhões de habitantes.)

Nunca as pessoas visitaram tanto Nova York para fazer aquilo que é a essência, afinal, das cidades: encontrar gente, fazer trocas (amorosas, afetivas, de negócios, turismo, entretenimento, criação, educação, etc.).

Se existe um especialista que há muito vem estudando essas questões com muito rigor, esse é Sir Peter Hall. Aos 78 anos, com mais de 40 livros publicados, o catedrático da Bartlett, University College London, é um otimista incansável e ferrenho defensor do papel inovador das metrópoles. Em junho de 2008, ele me recebeu em seu aconchegante e típico sobrado do subúrbio de Londres para, ao final da conversa, dizer que inovação urbana importa tanto quanto infraestrutura urbana. Ao ser questionado sobre os desafios complexos das megacidades em se refazerem – falávamos dos projetos urbanos em curso em Londres, do desastre urbanístico que foi a implantação de Cannary Warff e das dificuldades em implementar intervenções urbanas em São Paulo –, lembrou-me, sabiamente, que Roma, Londres, Paris e Nova York estavam entre as três maiores cidades em seus respectivos tempos de auge quando suas grandes inovações urbanas ocorreram.

Em sua brilhante e elucidativa história das cinco cidades que formataram o mundo (Jerusalém, Atenas, Roma, Londres e Nova York), Douglas Wilson lembra-nos que as grandes cidades sempre viveram problemas e virtudes decorrentes de seu sucesso, de sua aglomeração:

"Durante os primeiros séculos da Era Cristã, Roma teve cerca de 3 km de comprimento e aproximadamente a mesma largura. Os romanos sabiam como preenchê-la e a população era, provavelmente, entre um e dois milhões de pessoas. As ruas estavam tão congestionadas que os cavalos e as carruagens não eram permitidos. A única maneira de percorrer toda a cidade era andar a pé ou transportado em uma maca. Só os ricos poderiam evitar andar." (Wilson, 2009, p. 112-113).

As grandes cidades, estas que inovam e lideram o progresso da sociedade em suas épocas de auge no planeta, sempre enfrentaram seus ciclos de decadência e ressurgimento, reinvenção: "Ao contrário de Nero, os governantes da Inglaterra não queimaram a sua cidade a fim de construí-la novamente. Mas ela se queimou, e eles tiveram a oportunidade de reconstruí-la. Após dois anos de fogo, duzentas casas haviam sido concluídas, e no ano seguinte, outras seiscentos. Não era bem o processo rápido e vigoroso que alguns historiadores têm afirmado, e durante alguns anos Londres teve todos os aspectos de uma cidade arruinada, mas aos poucos foi ressurgindo para, posteriormente, liderar o mundo". (Wilson, 2009, p. 160).

Ou seja: Megacidades funcionam. Megacidades lideram. Megacidades se reinventam.

Por que as metrópoles contemporâneas compactas – densas, vivas e diversificadas nas suas áreas centrais – propiciam um maior desenvolvimento sustentável, concentrando tecnologia e gerando inovação e conhecimento em seu território?

As metrópoles são o grande desafio estratégico do planeta neste momento. Se elas adoecem, o planeta torna-se insustentável. No entanto, a experiência internacional – de Barcelona a Vancouver, de Nova York a Bogotá, para citar algumas das cidades mais verdes – mostra que as metrópoles se reinventam. Se refazem. Já existem diversos indicadores comparativos e *rankings* das cidades mais verdes do planeta. Fora dos países ricos, Bogotá e Curitiba colocam-se na linha de frente como *cases* a serem replicados.

A reinvenção das metrópoles contemporâneas, no século 21, passa pelos novos indicadores que mostram oportunidades em termos de cidades mais sustentáveis e mais inteligentes do que as que cresceram e se expandiram sem limites no século 20.

O desenvolvimento sustentável é o maior desafio do século 21. A pauta da cidade é, no planeta urbano, da maior importância para todos os países, pois: (a) dois terços do consumo mundial de energia advêm das cidades, (b) 75% dos resíduos são gerados nas cidades e (c) vive-se um processo dramático de esgotamentos dos recursos hídricos e de consumo exagerado de água potável. A agenda Cidades Sustentáveis é, assim, desafio e oportunidade únicas no desenvolvimento das nações.

A ecologia *da* cidade e não a ecologia *na* cidade, ou a natureza como um sistema separado na cidade. Um eco-urbanismo ou ecologia urbana. Tratam-se de questões sérias e prementes, independentemente de rótulos.

Devemos ficar atentos às imensas perspectivas que as tecnologias verdes, aliadas à gestão inteligente do território, estão abrindo no desenvolvimento urbano de novos territórios, sejam novos bairros sustentáveis, sejam cidades inteiras verdes (Masdar no Dubai, desenvolvida por Sir Norman Foster, é o maior exemplo). São, por hora, artefatos urbanos pioneiros e caros, portanto pertencentes a minorias. O que não exclui a sua investigação crítica. Como qualquer outra inovação grandiosa, complexa e custosa, pode-se daí extrair inovações menores e mais acessíveis, práticas replicáveis em lugares mais populosos.

A democratização das informações territoriais com os novos sistemas de tecnologia de informação e comunicação deve favorecer a formação de comunidades participativas, além de *e-governance*: serviços de governo inteligente mais ágeis, transparentes e eficientes, pelo compartilhamento de informações. Ou seja, as cidades inteligentes, *smart cities*, podem e devem alavancar a otimização da vida urbana, seja com serviços avançados na cidade formal, seja nas novas oportunidades nos territórios informais.

Nas últimas décadas, tem-se observado uma emergência comum às grandes metrópoles mundiais: os antigos espaços urbanos centrais estão perdendo boa parte de suas funções produtivas, tornando-se obsoletos e transformando-se em territórios disponíveis, oportunos. Trata-se dos chamados vazios urbanos, *wastelands* ou *brownfields*.

Do ponto de vista urbanístico, essas transformações resultaram em uma série de problemas comuns que vêm afetando as nossas cidades hoje. O abandono das áreas centrais metropolitanas pelo setor industrial e a consequente degradação urbana de espaços com potencial tão evidente de desenvolvimento – afinal, dotados de preciosa infraestrutura e memória urbana – é face da mesma moeda que expõe a urbanização ilegal, porém real e incontrolável, de nossas periferias. As consequências desse chamado espraiamento urbano são dramáticas em termos de total insustentabilidade ambiental, social, econômica e urbana (ocorre, invariavelmente, em áreas de proteção ambiental).

As áreas industriais obsoletas se tornam alvo dos grandes projetos urbanos, principalmente nas metrópoles dos países desenvolvidos, como concentradoras de estratégias de intervenção no espaço ora degradado e subutilizado. É a reconversão industrial. Vazios urbanos tornam-se palco da implantação desses projetos aliados ao surgimento de políticas urbanas de desregulamentação urbanística e parcerias entre o poder público e a iniciativa privada. São os chamados *clusters* urbanos criativos.

O *cluster* pioneiramente transformado de Montreal, Atelier Angus, e os *clusters* de enorme escala territorial de São Francisco Mission Bay e Barcelona 22@ (antigo bairro industrial de Poblenou) são os casos de grande relevância em meio a dezenas de novos territórios implantados em áreas centrais deterioradas em cidades dos Estados Unidos, da Europa e da Ásia.

Esses *clusters* urbanos pautam a sua estratégia central produtiva em serviços avançados, parte da chamada nova economia. Por meio de parcerias público-privadas sempre calcadas na criação eficiente de agências de desenvolvimento específicas, tais territórios têm conseguido rápido sucesso nos processos de regeneração urbana e reestruturação produtiva.

Os quatro estudos de caso discutidos na segunda parte deste livro focam um mesmo problema: a regeneração urbana e reestruturação produtiva de áreas metropolitanas deterioradas de localização central, dotadas de centralidade, memória urbana e infraestrutura preciosa. São quatro territórios que buscam a reinvenção da metrópole, a construção da cidade dentro da cidade. A otimização das estruturas existentes para gerar uma cidade compacta. Há sempre o papel protagonista das infraestruturas urbanas no redesenvolvimento urbano: a oportunidade estratégica das estruturas de transporte e das pré-existências edificadas reciclarem o território.

Montreal começou a desenvolver o projeto urbano dos Atelier Angus em 1978, configurando-se em um caso pioneiro envolvendo recuperação de *brownfields* e promoção de regeneração urbana e reestruturação produtiva no Canadá em território de quase 100 hectares.

Barcelona promove a reestruturação da antiga área industrial do Poblenou, 200 hectares de território sendo transformados na contemporânea "22@ Barcelona", autoproclamada, desde seu início em 2000 no "Vale do Silício europeu", um conjunto de *clusters* vinculados à chamada nova economia.

São Francisco iniciou, há 12 anos, o redesenvolvimento do território de Mission Bay, 122 hectares de antigos usos industriais, ferroviários e portuários sendo transformados em novo bairro contíguo ao centro da cidade pela implantação propulsora de um *cluster* de biotecnologia ligado ao novo *campus* da Universidade da Califórnia em São Francisco.

Em comum, dois fatores essenciais no sucesso destas transformações:

- Planejamento e gestão eficientes, contínuos e de longo prazo
- Implementação de agências de redesenvolvimento urbano-econômico específicas

O outro caso é o território da Operação Urbana Diagonal Sul, Orla Ferroviária de São Paulo. Infelizmente, ainda não foi implementado no Brasil nenhum projeto urbano de grande porte para a necessária regeneração de nossas metrópoles.

Este caso apresenta-se como relevante, entretanto, por algumas razões: trata-se da mais extensa operação urbana oficialmente delimitada pelo poder público no Brasil; está em vias de ser iniciada após anos de debates e de estudos, seja no âmbito de consultorias profissionais, de agentes públicos ou na academia; é objeto de estudos acadêmicos e profissionais desde 2002.

Qual é a explicação para tão rápidas transformações que, de uma só estocada, se fazem a partir de mutações econômicas, urbanísticas e culturais neste início de século 21? As metrópoles são o *locus* da diversidade – da economia à ideologia, passando pela religião e cultura. E esta gera inovação. As maiores cidades do hemisfério norte descobriram isto já há alguns anos e têm se beneficiado enormemente – inclusive em termos da atração de novos investimentos – desse diferencial, dessas externalidades espaciais.

Como ambientes únicos de uma desejável, democrática e estimulante concentração de diversidade – a vida econômica se desenvolve por meio da inovação, como diria Jane Jacobs –, tais cidades têm investido pesadamente na regeneração de suas áreas centrais improdutivas e esvaziadas com a implementação de *clusters* tecnológicos como estratégia de alavancagem de amplos processos de recuperação urbana e reestruturação produtiva do território.

Lembremo-nos de que ambientes com alta concentração de pessoas criativas crescem mais rapidamente e atraem mais gente de talento, conforme vêm demonstrando os estudos de Richard Florida acerca das cidades criativas. Metrópoles com *clusters* de alta tecnologia contêm maior número de pessoas de talento do que outras. Talento, tolerância e diversidade são os ingredientes indissociáveis no crescimento destas metrópoles que lideram o *ranking* de cidades criativas.

Outras pesquisas demonstram que maiores densidades populacionais urbanas estão diretamente ligadas a maior desenvolvimento de inovação urbana, gerando outro interessante debate contra o modelo de cidade-subúrbio (baixa densidade) e em defesa das grandes metrópoles com muito maior densidade.

Paul Krugman, em um de seus recentes artigos semanais no *The New York Times*, atacou: "[...] eu vi o futuro e como ele funciona. Na velha Europa. Considere que estou no momento em um agradável bairro de classe média, que consiste principalmente de prédios de apartamentos de quatro ou cinco pavimentos, com acesso fácil ao transporte público e muitas das compras locais. É o tipo de vizinhança em que as pessoas não têm que dirigir muito, mas é também uma espécie de bairro que mal existe na América, raramente nas grandes áreas metropolitanas. A grande Atlanta tem aproximadamente a mesma população da grande Berlim –, mas Berlim é uma cidade de *trams*, motos e bicicletas, enquanto Atlanta é uma cidade de carros, carros e carros. Uma grande fração da população americana vive em lugares como este. Sim, a América tem em geral uma inadequada baixa densidade". (Krugman, 2008).

Não se trata apenas de conceituação para cidades desenvolvidas ou territórios ricos. A abordagem das externalidades espaciais pode ter nascido baseada em pesquisas de autores internacionais focando as experiências exitosas de grandes cidades do hemisfério norte – Nova York, Montreal, Barcelona e São Francisco –, mas atualmente há indicadores emergentes e muito promissores presentes em grandes cidades como São Paulo ou Mumbai. Mais ainda: florescem indícios de externalidades espaciais positivas nos chamados territórios informais, de Heliópolis, em São Paulo, a Dharavi, em Mumbai, assim como estudos de pesquisadores consagrados, tais como Edward Glaeser e Hernando de Soto.

Planeta urbano, cidades compactas: concentração de tecnologia, inovação e sustentabilidade

Cidades sustentáveis são, necessariamente, compactas, densas. Como se sabe, maiores densidades urbanas representam menor consumo de energia *per capita*. Em contraponto ao modelo "Beleza Americana" de subúrbios espraiados no território com baixíssima densidade, as cidades mais densas da Europa e da Ásia são hoje modelos na importante competição internacional entre as *global green cities*, justamente pelas suas altas densidades, otimizando as infraestruturas urbanas e propiciando ambientes de maior qualidade de vida promovida pela sobreposição de usos.

Assim, parece evidente o papel único das metrópoles na nova rede de fluxos mundial e processos inovadores. O potencial do território central regenerado e reestruturado produtivamente é imenso na nova economia, desde que planejado estrategicamente.

Sob o prisma do desenvolvimento urbano sustentado, voltar a crescer para dentro da metrópole e não mais expandi-la é outro aspecto altamente relevante nestes casos: reciclar o território é mais inteligente do que substituí-lo. Reestruturá-lo produtivamente é possível e desejável no planejamento estratégico metropolitano. Ou seja: regenerar produtivamente territórios metropolitanos existentes deve ser face da mesma moeda dos novos processos de inovação econômica e tecnológica.

As intervenções exitosas no exterior têm mostrado possibilidades de enfrentamento de problemas comuns às grandes metrópoles pós-industriais, principalmente no reaproveitamento sustentado dos seus vazios urbanos. Atividades econômicas, voltadas para os setores da informação e comunicação, mas vinculadas à vocação do território, com novos valores locacionais, aliados a políticas de desenvolvimento econômico e urbano local e a gestão urbana eficiente, podem contribuir para a redução do quadro de esvaziamento produtivo de áreas centrais, a partir da reutilização dos espaços vagos, combatendo a perda de vitalidade do tecido urbano. Ou seja, promove-se o desejável redesenvolvimento urbano sustentável.

Porém, não é fácil nem simples implementar a mudança urbana. Fosse fácil, São Paulo não teria seus dois Centros (o Velho e o Novo) deteriorados – vivos de atividades durante o dia, mas despovoados de residentes e sujos, com espaços públicos deteriorados ocupados cada vez mais por mendigos e drogados, afugentando as classes médias. Há décadas, especialistas defendem otimisticamente o retorno ao Centro, sem que isso se concretize numa mudança tangível para a população. Fosse simples, São Paulo teria, ao menos, iniciado seus projetos de regeneração urbana das antigas e imensas áreas industriais ao longo da Orla Ferroviária. Mas, passam-se os anos e as Operações Urbanas Diagonal Sul e Norte não saem do papel – e de infindáveis e inoperantes debates entre especialistas.

As ideias investigadas

A cidade é a pauta: o século 19 foi dos impérios, o século 20, das nações, o século 21 é das cidades. As megacidades são o futuro do Planeta Urbano. Devem ser vistas como oportunidades e não como problema.

O desenvolvimento sustentável se apresenta mais urgentemente onde mora o problema: as cidades darão as respostas para um futuro verde. Nelas se consomem os maiores recursos do planeta; nelas se geram os maiores resíduos.

As cidades se reinventam. Afinal, elas não são fossilizadas: as melhores cidades, aquelas que continuamente sabem se renovar, funcionam similarmente a um organismo – quando adoecem, se curam, mudam. Os projetos urbanos de porte devem instrumentalizar a regeneração urbana dos vazios centrais. O redesenvolvimento destes territórios representa voltar a cidade para dentro. Refazê-la, ao invés de expandi-la. Compactá-la. Deixá-la mais sustentável é transformá-la numa rede estratégica de núcleos policêntricos compactos e densos, otimizando infraestruturas e liberando territórios verdes.

Reestruturação produtiva. Os *clusters* urbanos configuram-se como os potenciais instrumentos de desenvolvimento econômico local (DEL) nas estratégias de políticas públicas e projetos urbanos sobre vazios metropolitanos – áreas em processo de reestruturação produtiva.

Como estratégias criativas para reconfigurar a dimensão urbana e o desenvolvimento ambiental sustentável podem ser geradas a partir dos novos formatos de desenvolvimento local – ambientes inovadores e *clusters* urbanos?

A sustentabilidade desmitificada. Desenvolver com sustentabilidade pressupõe crença no progresso humano. Significa não cair na armadilha psicanalítica do imobilismo ou regresso bucólico-saudosista propiciados pelos discursos catastrofistas-deterministas ou "ecochatos". Ou seja: acredito na evolução do conhecimento, das técnicas e das tecnologias humanas. Uma postura estrategicamente proativa impõe a adoção de medidas e parâmetros verdes em praticamente tudo o que fazemos atualmente, mas, impõe, sobretudo, a busca e adoção das técnicas e tecnologias avançadas na racionalização da gestão dos projetos e da operação das cidades.

Como exemplo: medidas mitigadoras que visam à redução da pegada ecológica urbana, como o menor consumo de energia e adoção de matriz de energias renováveis, à reciclagem de lixo urbano, ao aumento do gradiente verde das cidades e ao reaproveitamento de águas, devem ser buscadas sempre. Porém, é mais estratégico que tudo isso seja feito na cidade de núcleos policêntricos compactos.

O resultado ambiental efetivo é amplamente maior se adotada a reinvenção urbana real. A cidade compacta fará a diferença real no uso mais racional e sustentável dos recursos. Jamais poderá comparar-se aos resultados paliativos de dezenas de arquiteturas de tetos verdes.

Assim como a real diferença no setor da construção civil – responsável por grande parte do consumo de recursos planetários – se dará, de fato, na adoção de sistemas construtivos industrializados e mais inteligentes quando tivermos, de fato, não mais obras, mas, sim, linhas de montagens limpas. Não nos esqueçamos, também, do básico: desde o modernismo, a boa arquitetura (em todas as suas escalas projetuais) tem como pressuposto excelentes noções de conforto ambiental.

Rem Koolhaas, em recente palestra em Harvard – Sustentabilidade: o avanço contra apocalipse –, colocou a questão com precisão e coragem: "é constrangedor estarmos vindo a equacionar a responsabilidade [da sustentabilidade] com um literal *greening*. Precisamos sair deste amálgama de boas intenções e *'branding'* para uma orientação política e uma direção de engenharia". (Koolhaas, 2009, p. 56).

Nossas metrópoles podem gerar eficiência, diversidade e inovação, e, portanto, impulsionar a reestruturação de seus vazios urbanos com *clusters* inovadores. Porém, isso deverá ocorrer a partir de modelos próprios ou se apreenderá com quem já os testou antes? A valiosa experiência internacional sobre problemas semelhantes – os três *cases* aqui analisados – deve nos impor a humildade da curiosidade, no mínimo. O Brasil infelizmente não possui qualquer tradição no que os anglo-saxões chamam de (e fazem) *redevelopment tradition*: as maiores metrópoles americanas e inglesas possuem fortes e consolidadas agências de redesenvolvimento urbano-econômico há décadas. Barcelona tem imenso sucesso na sua agência PPP (parceria público-privada) 22@BCN calcada numa rara história de extremo zelo público pelo espaço urbano (desde o Plano de Extensão, *Ensanche*, de Barcelona, criado por Idelfonso Cerdá em 1855). Precisamos aprender urgentemente a implementar o necessário *city negotiating process* sob o risco de ficarmos sempre num debate etéreo imobilizante dentre os diversos *stakeholders*. São Paulo, a megacidade brasileira, urge reinventar-se sob o perigo de perder a locomotiva da história. É, conforme o geógrafo e professor da USP, Milton Santos (2002), um território glocal: potencial de inserção na rede de cidades globais x imensas dificuldades locais (acumulação de competências; processo social que impulsione o DEL).

Não há ilusão. As imagens aéreas, o olhar de sobreolhar, são reveladoras: por enquanto, as cidades desenvolvidas são as cidades sustentáveis, inclusive socialmente. Mais verdes e mais includentes. São, normalmente, as mais antigas, pertencentes aos países desenvolvidos. Ali, os maiores dramas já foram resolvidos e há, agora oportunidade e recursos para a implementação de melhorias que as megacidades emergentes (São Paulo, Xangai) ou de países subdesenvolvidos (Lagos, Dakar) estão muito longe de poder alcançar. É muito mais emergente, por exemplo, São Paulo direcionar esforços e recursos para regenerar territórios centrais e dotá-los de amplas quantidades de habitação coletiva construídas rapidamente utilizando sistemas industrializados do que se preocupar com a arborização ou o mobiliário urbano de bairros ricos (estes indicadores devem ser buscados sempre na cidade toda). Não há cidade sustentável sem a desejável diversidade socioterritorial.

Cantareira, Zona Norte, São Paulo

Colocar um homem na Lua foi um dos maiores desafios conquistados pela humanidade no século 20. Agora o desafio talvez seja maior: o combate às mudanças climáticas requer a participação de bilhões de pessoas que habitam um planeta com recursos finitos e hábitos que urgem ser revistos. As cidades são o território onde a diferença é possível.

2
PLANETA URBANO, DESENVOLVIMENTO SUSTENTÁVEL

Desde 2007 o mundo presencia uma realidade nova, historicamente radical: há mais gente nas cidades do que no campo. Há cem anos, apenas 10% da população mundial vivia em cidades. Atualmente, somos mais de 50%, e até 2050 seremos mais de 75%. A cidade é o lugar onde são feitas todas as trocas, dos grandes e pequenos negócios à interação social e cultural, mas também é o lugar onde há um crescimento desmedido das favelas e do trabalho informal: estimativas da ONU indicam que dois em cada três habitantes estejam vivendo em favelas ou sub-habitações. A cidade é também o palco de transformações dramáticas que fizeram emergir as megacidades do século 21 – as cidades com mais de 10 milhões de habitantes, que já concentram 10% da população mundial.

Roma foi a maior cidade do mundo por mais de mil anos, teve seu ápice no final do século 1 a.C. com 1 milhão de habitantes e declinou para um tamanho irrisório de 20 mil habitantes na Idade Média. Estima-se que Bagdá, em seu auge entre 762 e 930 d.C., também teve 1 milhão de habitantes. Algumas cidades chinesas já foram imensas durante o auge do Império Chinês. Nova York, capital do século 20, era a única megacidade do mundo em 1950. A Grande Tóquio é a maior cidade do mundo hoje, com mais de 36 milhões de habitantes. Grandes cidades, portanto, não são um fenômeno novo.

A diferença hoje não é a presença de uma ou de algumas grandes cidades líderes de seu tempo, mas, sim, a rápida emergência de um enorme número de grandes concentrações humanas por todo o planeta.

Em 1800, apenas 3% da população mundial vivia em cidades. Em 1950, 83 cidades tinham mais de 1 milhão de habitantes no mundo. Em 1990, mais da metade da população dos Estados Unidos já vivia em metrópoles com mais de 1 milhão de habitantes. Em 2007, eram 468 as metrópoles desse porte no mundo.

Até 2030, a população urbana aumentará para mais de 5 bilhões, ou 60% da população do mundo. Globalmente, todo o crescimento futuro da população ocorrerá nas cidades. Quase todo na Ásia, na África e na América Latina, sendo que, na Ásia e na África, isso sinaliza uma mudança decisiva do crescimento rural para o urbano, alterando um equilíbrio que perdurou por milênios.

Conforme aponta o estudioso californiano Mike Davis em seu popular livro *Planeta Favela*: "como resultado desse fluxo estarrecedor, em 2005, 166 cidades chinesas (em comparação com apenas nove cidades dos Estados Unidos) tinham população de mais de 1 milhão de habitantes. Cidades industriais em expansão, como Dongguan, Shenjen, Cidade Fushán e Chengchow são as Sheffields e Pittsburghs pós-modernas [...] Na verdade, o grande óculo do Centro Financeiro Mundial de Xangai pode, em breve, mirar um vasto mundo urbano jamais imaginado por Mao nem, aliás, por Le Corbusier". (Davis, 2006, p.22).

Uma das características da explosão urbana contemporânea, principalmente nos países em desenvolvimento, é a grande desigualdade na distribuição de renda e de oportunidades econômicas. Em seu recente relatório sobre tendências da urbanização, a Agência ONU Habitat descreve as cidades como os novos locais da pobreza. As estimativas do Banco Mundial preveem que, até 2035, as cidades se tornarão os locais predominantes da pobreza.

Um aspecto interessante do crescimento das megacidades, como identificou o desenvolvimentista e economista inglês Nigel Harris, é o fato de não estar associado diretamente ao crescimento e desenvolvimento econômico. Mesmo durante períodos de alta de preços, queda de salários e aumento de desemprego urbano, a expansão urbana no Terceiro Mundo surpreendeu muitos especialistas que previam um *feedback* negativo da recessão urbana ou mesmo uma reversão da migração vinda do campo.

A situação na África foi especialmente paradoxal: "como as cidades da Costa do Marfim, da Tanzânia, do Congo-Kinshása, do Gabão, de Angola e de outros países, cuja economia vinha encolhendo 2 a 5% ao ano, ainda conseguiram manter um crescimento populacional anual de 4 a 8%? Como Lagos, na década de 1980, pôde crescer duas vezes mais depressa que a população nigeriana, enquanto a sua economia urbana estava em profunda recessão?" (Davis, 2006, p. 25).

O dado é estarrecedor: a população mundial que vive em favelas cresce a uma taxa de 25% ao ano; 31,6% da população mundial, quase 1 bilhão de pessoas, vivem em favelas. As projeções da ONU apontam para um cenário de 100 milhões de pessoas morando em favelas em 2020.

As megacidades dos países em desenvolvimento vêm sofrendo um processo de favelização progressiva. O mercado imobiliário ilegal ou informal, segundo a ONU, forneceu terrenos para a maioria dos acréscimos ao estoque de residências na maior parte das cidades do hemisfério sul nos últimos 30 ou 40 anos.

Hernando de Soto, economista e político peruano, preside o Instituto de Libertar y Democracia, de onde tem lançado novas luzes para esta questão: "as informações contidas no sistema de propriedade – ou, mais concretamente no sistema de gravação, um ato, uma ação, ou algo que representa o capital social – representa o seu valor. O valor é capturado no documento de propriedade. Nesse sentido, a propriedade é um sistema de representações de valor. Se você não tem um sistema de propriedade, você não tem a representação nos dispositivos com os quais você pode capturar valor, armazená-lo, torná-lo líquido e investi-lo. A maioria dos países em desenvolvimento e ex-comunistas não tem sistemas de propriedade que lhes permitam concretizar o valor de muitas coisas que produzem". (Soto apud Mau; Leonard; Institute Without Boundaries, 2004, p. 42).

Ou seja, há um fenômeno que sempre esteve presente nas cidades como grave sintoma de exclusão social, mas que, no planeta contemporâneo, emergiu como um de seus maiores desafios: a exclusão urbana. Presenciam-se hoje grandes concentrações de pobreza em enormes favelas e guetos, mas megacidades. Apesar disso, as pessoas se mudam para as cidades na busca por uma vida melhor, e normalmente conseguem, mesmo vivendo em favelas. Ainda que vivendo em condições precárias nas grandes cidades, a população vai a elas porque sabe que é ali que estão as oportunidades, por mais difícil que seja. Afinal, mais da metade do produto interno bruto (PIB) dos países deriva de atividades econômicas urbanas. Isso vale para San Diego, atraindo imigrantes ilegais da fronteira com o México, vale para Lagos, atraindo milhões de toda a África.

Apesar disso, a boa notícia é que o crescimento populacional mundial está desacelerando e começando a estabilizar.

A emergência das megacidades

Do planeta urbano atual, 280 milhões de habitantes estão nas megacidades. Enquanto a China cresceu 11,9% em 2007, a megacidade de Xangai cresceu 13%. Tóquio, a maior megacidade do planeta, possui um invejável eficiente sistema de transporte público que atende a 43 milhões de pessoas por dia enquanto as pessoas defecam nas ruas de Lagos que, graças à riqueza do petróleo, atrai 600 mil imigrantes por ano, apesar de 40% de sua superfície ser coberta por água.

A maioria das megacidades tem concentração de pobreza e graves problemas socioambientais decorrentes da falta de maciços investimentos em infraestrutura e saneamento. Sua importância na economia nacional e global é desproporcionalmente elevada. Segundo a Organização das Nações Unidas para a Educação, a Ciência e a Cultura (Unesco), no futuro teremos muitas megacidades que estarão localizadas em novos endereços – das 16 existentes em 1996, passarão a 25 em 2025, muitas delas fora dos países desenvolvidos.

Ao mesmo tempo, emergem novas configurações territoriais, como as megarregiões: a BosWashstretch (faixa que vai de Boston até Washington, passando por Nova York), Chonqing, na China, ou a megarregião SãoRio (São Paulo-Rio), conforme recente estudo instigante de Richard Florida. Florida demonstra que, nas próximas décadas, o planeta global concentrará crescimento e inovação espetaculares em apenas alguns lugares de pico de excelência: as 40 megarregiões mais criativas. SãoRio já é a 26ª em seu *ranking*. (Florida, 2008).

Também já se pode olhar estas regiões através do fenômeno da macrometrópole: sob esta configuração, São Paulo, por exemplo, pode ser considerada a maior do hemisfério sul, reunindo numa mesma mancha territorial 65 municípios e 22 milhões de habitantes (12% do Brasil).

E ainda algumas megacidades como Nova York, Londres, Paris, Tóquio e São Paulo podem ser classificadas como cidades globais – conceito já amplamente utilizado por instituições como a Globalization and World Cities Study Group & Network (GaWC) ou pela pesquisadora americana Saskia Sassen – por interligarem-se fortemente a outros centros de influência econômica mundial.

O economista americano Paul Krugman (1991), Nobel de Economia em 2008, prevê que o crescimento das cidades será o modelo econômico de desenvolvimento no futuro. Isso porque é nas megacidades que acontecem as maiores transformações, gerando uma demanda inédita por serviços públicos, matérias-primas, produtos, moradias, transportes e empregos. Trata-se de um grande desafio para os governos e a sociedade civil, que exige mudanças na gestão pública e nas formas de governança, obrigando o mundo a rever padrões de conforto típicos da vida urbana – do uso excessivo do carro à emissão de gases.

Os maiores desafios, no entanto, ainda estão por vir, já que nas próximas duas décadas as cidades de países em desenvolvimento concentrarão 80% da população urbana do planeta. A realidade já sinaliza este *boom* – Lagos, na Nigéria, por exemplo, teve um aumento populacional de 3.000% desde 1950.

Ou seja: contrariando todas as apostas do final do século 20, as cidades não morreram nem entraram em declínio. Pelo contrário: as pessoas nunca buscaram tanto se aglomerar. Em um planeta cada vez mais digital e virtual, nunca se buscou tanto o encontro físico, e as cidades nunca foram tão atrativas.

Quanto mais avançam as inovações de tecnologia de informação e conexões a distância, mais as cidades ganham atratividade. Veremos que uma reforça a outra e que a interação física no território gera inovação como nunca antes.

Megacidade símbolo do século 20, Nova York, hoje a 3a. maior do planeta, soube reinventar-se nas últimas décadas e atualmente oferece ampla rede de infraestrutura, habitação e transporte público, empregando um enorme número de pessoas. Mais importante, Nova York – ou Tóquio ou Londres – nunca perderá seu papel como *marketplace* de ideias.

Ricky Burdett, diretor do projeto Urban Age e professor da London School of Economics, tem rodado o planeta discutindo as megacidades e pondera: "mais do que nunca, o formato das cidades, a quantidade de espaço que elas ocupam, a quantidade de energia que elas consomem, o modo como a infraestrutura de transporte é organizada e onde as pessoas habitam – em ambientes distantes, segregados, atrás de muros ou em bairros integrados perto dos seus trabalhos, recursos comunitários e transporte – definem o ambiente, a economia e a sustentabilidade social da sociedade global". (Burdett; Sudjic, 2010, p. 51).

A seguir, um panorama das maiores megacidades.

AS MAIORES MEGACIDADES MUNDIAIS EM 2010

Megacidade	População (milhões de habitantes)
1. Tóquio (Japão)	36,0
2. Cidade do México (México)	19,4
3. Nova York (EUA)	18,7
4. São Paulo (Brasil)	18,3
5. Mumbai (Índia)	18,2
6. Nova Délhi (Índia)	15,0

AS MAIORES MEGACIDADES EM DENSIDADE

Megacidade	Densidade (habitantes/km^2)
1. Mumbai (Índia)	26.650 mil
2. Calcutá (Índia)	23.900 mil
3. Karachi (Paquistão)	18.900 mil
4. Lagos (Nigéria)	18.150 mil
5. Shenzen (China)	17.150 mil
6. Seul (Coreia)	16.700 mil

AS MAIORES MEGACIDADES EM 2015 (PROJEÇÃO)

Megacidade	População (milhões de habitantes)
1. Tóquio (Japão)	35,5
2. Mumbai (Índia)	21,9
3. Cidade do México (México)	21,6
4. São Paulo (Brasil)	20,5
5. Nova York (EUA)	19,9
6. Nova Délhi (Índia)	18,6
7. Xangai (China)	17,2
8. Calcutá (Índia)	17,0
9. Daca (Bangladesh)	16,8
10. Jacarta (Indonésia)	16,8

As megacidades são cada vez mais um fenômeno dos países em desenvolvimento que afetará o futuro de prosperidade e estabilidade de todo o mundo. Existem três principais razões para que também os países desenvolvidos prestem atenção a elas:

O que acontece nas megacidades do mundo em desenvolvimento afeta o resto do mundo.

Elas são instrumentos essenciais do desenvolvimento social e econômico.

Elas oferecem novas oportunidades de mercado para países em desenvolvimento e desenvolvidos sem distinção.

Encolhimento de cidades

Shrinking Cities Movement: planejar o encolhimento. O movimento desponta em diversas cidades americanas que, propositadamente, estão planejando o seu encolhimento, gerando territórios mais compactos e implementando verdes em áreas obsoletas. Contraditoriamente, ocorre um curioso movimento de diminuição de populações e de encolhimento de cidades nos países desenvolvidos.

As populações de 46 países (como Alemanha, Itália, Japão, dentre outros) devem diminuir até 2050. Nos últimos 30 anos, nos países desenvolvidos, mais cidades encolheram do que cresceram: 100 cidades na Rússia, 39 nos Estados Unidos ou 49 na Inglaterra, por exemplo, e pelo menos 1 milhão de casas da Alemanha Oriental foram abandonadas – de acordo com a Fundação City Mayors, um *think thank* de governança municipal americana (outro importante centro de estudo destas novas questões é o Institute of Urban and Regional Development, da Universidade da Califórnia, em Berkeley).

O que se vê em Cleveland e Detroit, nos Estados Unidos, para citar os dois maiores casos, não é um fenômeno isolado: devido à queda de natalidade, à decadência dos setores que eram o esteio da sua economia e à depressão financeira, diversas cidades estão encolhendo no planeta, que nunca foi tão urbano.

As cidades encolhem e, em alguns lugares, inicia-se um inusitado movimento de *smart decline*: promover o planejamento verde em áreas deterioradas como oportunidade de inovar e reinventar tais cidades. Em contraponto – ou, como complemento – ao movimento *Smart Growth*, que há algumas décadas vem buscando promover cidades mais compactas nos Estados Unidos, nasce o *The Shrinking Cities International Research Network* com uma grande questão a enfrentar: o que fazer com as cidades que estão encolhendo?

Emerge, a princípio, uma ideia básica: não seria mais interessante, em termos de desenvolvimento sustentável, repovoá-las? Trata-se de cidades dotadas de toda infraestrutura, história e, acima de tudo, habitações. Mas vejamos o caso de Detroit para entendermos a complexidade do problema: a primeira linha de produção do Ford T revolucionou a indústria e produziu um enorme crescimento econômico na cidade a partir da década de 1910. Entretanto, devido às profundas transformações na reestruturação produtiva automotiva, nas décadas recentes o êxodo de empresas, empregos e trabalhadores jogou Detroit numa espiral de decadência. Detroit hoje é a versão moderna da cidade fantasma do faroeste.

A partir de constatações como esta começou-se a pensar no *smart decline*: cidades como Detroit podem ser planejadas para serem menores e utilizar suas áreas industriais abandonadas como desenvolvimento verde. Pode emergir desta complexidade, um novo caso no século 21, as cidades de planejamento programado para o encolhimento, um *smart green downsizing*.

Não é preciso ir tão longe. Concentrar a cidade em áreas menores, com aproveitamento de espaços não utilizados, permitiria que as nossas megacidades operassem numa lógica de cidade mais compacta. Segundo Oliver Hillel, coordenador do Programa de Biodiversidade e Cidades da Convenção sobre Diversidade Biológica da ONU, as metrópoles não são, *a priori,* as vilãs ambientais; pelo contrário, do ponto de vista do uso dos recursos naturais, é melhor ter uma cidade de 10 milhões de habitantes do que 10 de 1 milhão. O consumo dos recursos *per capita* diminui à medida que o tamanho da cidade aumenta, seguindo a lógica de qualquer grande organismo.

Nesse sentido, outra vantagem da cidade compacta é que ela evitaria a invasão das áreas rurais, ou, como no caso de São Paulo – pior ainda –, a não invasão das reservas ambientais. A proposta da cidade densa está embutida no conceito de cidade compacta e faz que esse tipo de destruição ambiental seja evitado, como veremos melhor no Capítulo 6.

Buffalo, Cleveland e Detroit perderam metade de suas populações nos últimos 50 anos. Os ambientes construídos e desocupados dessas cidades, como edifícios, ruas, etc., estão começando a ser transformados em áreas verdes: *green demolition*. Richard Bucci, prefeito de Binghamton, no Estado de Nova York, defende que estas demolições de áreas desocupadas podem ser melhor descritas como "adições através de subtração": adicionar qualidade aos bairros ao subtrair as antiquadas e dilapidadas estruturas que os cercam.

Encolhimento das cidades versus crescimento dos subúrbios?

Estamos presenciando uma realidade nova e intrigante nas cidades americanas que já conta, inclusive, com apoio de políticas públicas, via incentivos fiscais, da administração Obama.

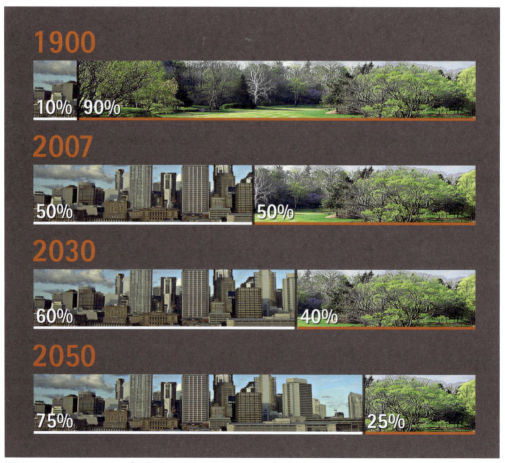

Crédito das imagens: Kurt Anno/sxc.hu (floresta) e Graham Ironside/sxc.hu (baseado em Ricky Bardett, 2008)

Desenvolvimento sustentável

O início do século 21 trouxe, com força renovada, o enorme desafio do desenvolvimento sustentável, ou seja, buscar a economia do desenvolvimento aliada ao não esgotamento dos recursos existentes no planeta. O conceito de desenvolvimento sustentável mais difundido pode ser definido como aquele que "satisfaz as necessidades presentes, sem comprometer a capacidade das gerações futuras de suprir suas próprias necessidades" (United Nations, 1987). Ele foi cunhado no relatório Nosso Futuro Comum de 1987, elaborado pela Comissão Mundial de Meio Ambiente e Desenvolvimento das Nações Unidas. (Leite; Tello, 2010) Esse relatório surgiu como resultado de um processo da ONU em integrar desenvolvimento econômico com preservação ambiental, iniciado 15 anos antes da Conferência das Nações Unidas sobre o Meio Ambiente Humano ocorrida em Estocolmo, com seu ápice na Conferência das Nações Unidas sobre Meio Ambiente e Desenvolvimento ocorrida no Rio de Janeiro em 1992 – conhecida como Rio 92 ou Eco 92.

O imperativo da sustentabilidade surge da percepção de que o mundo possui recursos finitos que não estão sendo utilizados de maneira adequada e que deve haver a descontinuidade desse comportamento.

Dito dessa maneira, contudo, o conceito da sustentabilidade, por seu caráter normativo, é muito abstrato, o que gera a necessidade de aprofundar o conhecimento sobre os impactos da atuação humana nos ambientes em que estão inseridos, com destaque para as cadeias produtivas, as cidades e o meio natural, de modo a orientar de que forma as questões decorrentes devem ser tratadas (Leite; Tello, 2010).

No contexto do desenvolvimento urbano sustentável, busca-se realizar esse aprofundamento avaliando a situação atual sob a perspectiva das cidades e levantando ainda a influência do setor da construção sobre elas com o objetivo de observar como o setor poderia estimular a promoção da sustentabilidade urbana e contribuir com a promoção do desenvolvimento sustentável global (Leite; Tello, 2010).

Para avaliação do contexto global, busca-se observar os três pilares da sustentabilidade: ambientais, econômicos e sociais.

O primeiro pilar avaliado é o da sociedade, uma vez que a atuação humana é apontada como uma das responsáveis pelas alterações percebidas no planeta nas últimas décadas. Destaca-se como processo em curso e tendência para o futuro a crescente urbanização do planeta. O crescimento das cidades e da população urbana já dura mais de dois séculos e deve seguir por todo este século (Leite; Tello, 2010).

Mais do que a quantidade de pessoas que vivem nas cidades, o que caracteriza nossa sociedade como urbana é a aplicação de sua lógica mesmo nas áreas rurais. A agropecuária moderna possui uma lógica industrial e está intimamente ligada às instituições urbanas, que oferecem crédito, equipamentos e demandam seus produtos. A lógica urbana domina todas as cadeias de produção, e essas, por sua vez, afetam o desenvolvimento das populações urbanas (Leite; Tello, 2010).

Em relação à sustentabilidade, a sociedade urbana está ligada a uma série de impactos positivos e negativos para seus habitantes, ou de áreas não urbanas, mas também se relacionam com sérias questões ambientais e econômicas.

As questões urbanas são complexas. A forte correlação entre urbanização e aumento de renda *per capita* é uma das razões para o habitante urbano consumir mais e gerar mais resíduos que seu equivalente rural. Assim, o crescimento das cidades representa maior pressão sobre recursos energéticos e hídricos, maior necessidade de descarte e tratamento de resíduos sólidos e líquidos, e maior poluição do ar. A alta renda do cidadão urbano gera ainda desafios da mobilidade, com seus múltiplos efeitos – saúde pública (obesidade, problemas respiratórios), qualidade de vida, eficiência, mudanças climáticas (Leite; Tello, 2010).

Apesar de o habitante urbano médio ser mais rico que o rural, a desigualdade é grande no ambiente urbano, com tendências a segregação social, desigualdades no acesso aos serviços urbanos e insegurança (Leite; Tello, 2010). Esse é um dos graves problemas das cidades brasileiras. Uma das amostras do seu despreparo para atender sua população é o déficit habitacional de 5,9 milhões de domicílios, concentrado nas famílias com renda de até seis salários mínimos. (Burdett; Sudjic, 2010, p. 51)

Os exemplos citados mostram como são complexas as questões sociais, especialmente em um novo, e inédito, contexto de predominância das cidades sobre o campo. Ainda apontam o tamanho do desafio de tornar esses espaços de ocupação humana alinhados com o propósito do desenvolvimento sustentável.

Por outra perspectiva, as cidades também sofrem os efeitos das alterações ambientais provocadas por sua ação como, por exemplo, o aumento da poluição do ar, do solo e das águas. São ainda apontados riscos para o futuro, decorrentes do aumento do nível dos oceanos causado pelas mudanças climáticas. Se isso ocorrer, algumas cidades costeiras poderão ser seriamente prejudicadas. Além disso, os eventos extremos decorrentes da mudança climática, como enchentes, secas e tempestades, tendem a gerar maior pressão por espaço para moradias e infraestruturas, estimulando maior invasão de áreas importantes ambientalmente. (Soto apud Mau; Leonard; Institute Without Boundaries, 2004, p. 42).

Jeffrey Sachs, diretor do Earth Institute, da Universidade de Columbia, autor de *A Riqueza Comum*, afirma: "a atual trajetória ecológica, demográfica e econômica do mundo é insustentável. Podemos alcançar um crescimento econômico com impacto muito menor se pensarmos claramente, sistematicamente, em termos de sistemas, e baseados em objetivos globais." (Sachs, 2008, p. 23).

Paul Krugman (1991) coloca com clareza alguns princípios básicos da economia que deveriam estar presentes num desenvolvimento urbano eficiente de nossas cidades do século 21. O Princípio da Interação: recursos devem ser utilizados da forma mais eficiente possível para alcançar os objetivos da sociedade.

Suponha que sua família esteja morando num barraco de favela na periferia, onde falta tudo (infraestrutura, equipamentos públicos, etc.), apertadamente junto a milhares de outros vizinhos na mesma precária situação, apesar do fato de que existem inúmeros apartamentos vazios e disponíveis na área central da cidade (dotada de toda infraestrutura e equipamentos públicos). Essa é uma realidade concreta em muitas das nossas cidades, e São Paulo é o caso mais dramático: dado o despovoamento ocorrido nas últimas décadas no centro da cidade, há um patrimônio construído não utilizado, enquanto as favelas crescem nas periferias.

Os economistas chamam esta situação de uma utilização ineficiente dos recursos.

Os urbanistas diriam que falta planejamento público eficiente para reverter a situação.

Os advogados explicarão a situação com clareza: a falta de aparato formal impede que os milhares de moradores da periferia, que têm padrões de vida e trabalho totalmente informais, consigam alugar apartamentos na cidade formal. O problema não é custo – muitas vezes o lugar na favela é mais caro do que o apartamento central – e sim a impossibilidade do morador informal atender às exigências formais para alugar o imóvel. Essa situação ocorre em números gigantescos numa megacidade como São Paulo; economicamente, a lei da oferta e procura explica por que os valores são assim.

Os ambientalistas dirão que a situação leva a um descabido mau uso do planeta: áreas urbanas consolidadas sem moradores e áreas periféricas de proteção ambiental – que, portanto, deveriam permanecer desabitadas e desurbanizadas – sendo ocupadas por favelas. Novamente, o caso de São Paulo é dramaticamente sintomático: milhões de pessoas vivem sem qualquer qualidade de vida em favelas nas periferias, oficialmente áreas de proteção ambiental, da Zona Norte (Serra da Cantareira, reserva florestal) e Zona Sul (no envoltório de nossas represas).

Nesse caso, o didatismo econômico nos levaria certamente a outro princípio da interação clássico: quando o mercado não adquire eficiência, a intervenção do governo deve prover o bem-estar da sociedade. Ou seja, uma adequada regulamentação urbana, aliada a ações decididas e corajosas, deveria resgatar a eficiência urbana. Em outras palavras: promover uma cidade mais justa e sustentável para o conjunto da sociedade. O esvaziamento populacional do centro (descompactação urbana) é o outro lado da moeda do espraiamento periférico em áreas de proteção ambiental. Permitir que o quadro continue é injusto com as populações que vivem mal nas favelas insalubres, longínquas e perigosas, mas é também ambientalmente criminoso para a população geral da cidade.

Quando os mercados não alcançam a eficiência, a intervenção do governo pode melhorar o bem-estar da sociedade. Isto é, quando os mercados vão mal, uma política governamental adequadamente concebida às vezes pode mover a sociedade para mais perto de um resultado eficiente, mudando a forma como os recursos da sociedade são usados.

De modo similar, a questão das mudanças climáticas coloca-se para a sociedade contemporânea. A mudança climática é o mais premente problema ambiental, social e econômico que o planeta enfrenta. As consequências das alterações climáticas são globais e de longa duração. A mudança climática se refere a mudanças anormais que vêm ocorrendo no clima do planeta, incluindo temperatura, precipitação, vento e padrões meteorológicos. O aquecimento global refere-se ao aumento da temperatura média na superfície da Terra, igualmente de modo anômalo nas últimas décadas. Os níveis de dióxido de carbono são mais elevados do que em qualquer momento nos últimos 650 mil anos. Isso é causado por atividades humanas como a queima de combustíveis fósseis (petróleo, gás e carvão) e a destruição das florestas. As seis famílias de fontes originárias do aquecimento global são: dióxido de carbono (43,1%), metano (26,7%), carbono negro (11,9%), alocarbonetos (7,8%), CO e VOCs (6,7%), óxido nitroso (43,1%). (Shindell et al apud Gore, 2009).

Os 10 anos mais quentes no planeta foram registrados desde 1990. Sem ações coordenadas e imediatas em todo o planeta, o clima da Terra alcançará um ponto crítico no qual a mudança climática realmente perigosa será irreparável.

Como cada vez mais a população habita as cidades, as cidades consomem cada vez mais energia e respondem cada vez mais pelas emissões globais de CO_2. Entre 1950 e 2005, a população mundial urbana cresceu entre 29 e 49%, e a emissão global de carbono pulou de 1.630 para 7.985 milhões de toneladas. Algumas megacidades emitem mais carbono do que países inteiros, como Xangai (seria o 25º maior emissor dentre os países do mundo).

As emissões de carbono derivadas de transporte estão crescendo mais rapidamente nas megacidades de países emergentes. Por outro lado, megacidades podem trazer boas novas. Nova York produz apenas 1% dos gases de efeito estufa dos Estados Unidos, apesar de deter 3,7% dos seus moradores. Ou seja, as respostas para a redução nas alterações climáticas, incluindo o aquecimento global, estão sobretudo nas cidades.

As cidades já estão sendo afetadas pela mudança climática:

- muitas grandes cidades do mundo estão em risco de inundação por conta do aumento do nível do mar;
- edifícios e superfícies impermeabilizadas das cidades aumentam perigosamente as temperaturas urbanas e geram menor qualidade do ar, formando ilhas de calor;

- uma em cada três pessoas vive em uma favela nas cidades do mundo em desenvolvimento, tornando-as particularmente vulneráveis a problemas de saúde e a riscos ambientais.

A boa notícia é que as cidades podem enfrentar melhor os desafios do que o campo. Como centros produtores de cultura, política, liderança e crescimento econômico, as cidades possuem a capacidade de gerar inovação contínua e podem agir sobre as alterações climáticas, implementando medidas corajosas para reduzir os gases geradores do efeito de estufa e mitigar os demais efeitos indesejáveis ao desenvolvimento urbano.

Inovações para enfrentar, de forma cada vez mais eficiente, as mudanças climáticas e os desafios por um padrão de desenvolvimento com maior sustentabilidade – crescer e desenvolver o planeta e as cidades sem comprometer os escassos recursos existentes – têm ocorrido de modo incessante desde o final do século 20.

Considerando a cidade como o artefato humano por excelência, portanto produto de design – no sentido amplo da palavra: desejo, desígnio, projeto -, é como um processo de projeto mais inteligente que ela se reinventa. Dentre os diversos novos parâmetros de desenvolvimento urbano sustentável que se tem pesquisado e aplicado neste início de século 21 – como veremos aprofundadamente no Capítulo 6 -, há a enormidade de aplicações derivadas dos processos de *Cradle to Cradle* (de berço a berço).

Cradle to Cradle Design (por vezes abreviado para C2C) é uma abordagem biomimética (que remete ao design natural) ao projeto de sistemas. Ela modela a indústria humana sobre os processos da natureza em que os materiais são considerados como os nutrientes que circulam no metabolismo saudável. Sugere que a indústria deve proteger e enriquecer os ecossistemas e o metabolismo biológico da natureza, produzindo o metabolismo produtivo com técnicas, sistemas e materiais que gerem desperdício zero, idealmente. Ou seja, assim como na natureza, há que se promover um sistema de ciclo fechado – *cradle to cradle* – sem desperdício. Ciclo de vida contínuo. Nada se desperdiça, tudo se recicla, gerando um processo produtivo industrial mais complexo e mais inteligente que utiliza muito menos os recursos finitos do planeta e muito mais os recursos artificiais. O modelo, em seu sentido mais amplo, não se limita ao design industrial e de fabricação, mas pode ser aplicado a diversos aspectos da civilização humana contemporânea, como os ambientes urbanos e edifícios, a economia e os sistemas sociais.

A teoria foi originariamente desenvolvida pelo arquiteto e designer americano William McDonough e pelo químico alemão Michael Braungart e vem se popularizando desde a publicação de *Cradle to Cradle: Remaking a Way We Make Things*, em 2002 (McDonough; Braungart, 2002). Eles demonstram que a maioria dos materiais que colocamos em nossos padrões de reuso, na verdade, são apenas "*downcycleds*", convertidos a uma menor utilização, fornecendo uma pequena pausa em sua viagem inevitável para um aterro ou um incinerador.

Outro designer que vem promovendo de modo instigante um repensar sobre como produzimos nossos artefatos é o canadense Bruce Mau e o seu Instituto Sem Fronteiras (Mau; Leonard; Institute Without Boundaries, 2004). Cercado por uma coleção de pensadores contemporâneos e inovadores do design sustentável, Mau lançou a ideia do *massive change*: considerando que tudo é design, ou seja, tudo que produzimos e consumimos passa pelo design em sua concepção, o design pode ser repensado para promover uma produção massiva, mais democrática. Mais ainda, ele destaca que o problema neste início de século não é mais de técnica, tecnologia ou design, mas de natureza político-ideológica. Somos capazes de produzir a solução para praticamente todos os problemas da humanidade. A questão é de decisão coletiva.

Pensemos numa única questão: déficit habitacional. Milhões de pessoas no planeta não possuem habitação ou a possuem de modo extremamente precário. Um design massivo – estrategicamente desenvolvido com a capacidade atual de conhecimento técnico e de produção industrial – poderia rapidamente produzir milhões de habitações pré-fabricadas, industrializadas. O problema não é de design. Ou, colocado de outro modo: não é um problema de design individual (caro, elitista, *fashion*), mas de design massivo (coletivo, inteligente, estratégico).

SPBR + GRUPOSP ARQUITETOS (ALVARO PUNTONI, ANGELO BUCCI E EQUIPE). CASA U. CONCURSO INTERNACIONAL ELEMENTAL DE MORADIA PRÉ-FABRICADA. 2003

Os 30 m^2, área sugerida pelo Elemental para o núcleo inicial das habitações, correspondem a 2,5 m x 12,00 m, dimensões da carreta de transporte que padroniza as medidas comerciais da construção pré-fabricada. Adotou-se aqui o pré-fabricado de concreto armado e sua máxima otimização de transporte.

Uma única peça "U", com medidas 2,5 x 2,5 x 12, utilizada duas vezes, sobrepostas de modo invertido, faz o volume da unidade. O pé direito duplo sugere futuras ampliações por mezaninos, restringindo o crescimento ao interior da construção, preservando o aspecto dos espaços comuns e evitando improvisações na infraestrutura do conjunto. Uma segunda peça faz o núcleo hidráulico que sobrepõe à cozinha e ao banheiro, sugerindo futuros dormitórios no pavimento superior.

O painel de fechamento evita mais uma vez a escala diminuta típica destes pormenores. Trata-se de um único painel, pivotante, que sobreposto em par fecha o pé direito duplo de cada uma das fachadas. Funcionam solidariamente, no entanto com movimento independente, fazendo a porta de acesso e todas as aberturas necessárias à unidade. Seu raio de giro varre parcialmente o espaço interno e assim impede que futuramente os mezaninos se aproximem excessivamente das fachadas.

A fabricação da peça única estrutural é realizada por uma forma com sua parte interna fixa e as laterais articuladas, permitindo a desmoldagem de forma simples. Na produção poderia ser utilizado concreto branco ou colorido, agregando materiais que possibilitassem a diminuição de seu peso e ampliassem seu comportamento térmico, como vermiculita ou cinazita. O conjunto das casas, bem como sua cobertura e paredes laterais do limite de cada grupo, receberia tratamento para proteção térmica e impermeabilização.

As ações fundamentais de obra são apenas duas: movimento de terra e montagem da estrutura.

O movimento de terra compensado constrói uma topografia que organiza os espaços comuns: um jardim para cada uma das quatro unidades de vizinhança, disposto na cota + 1,40; ruas internas e praças de apoio e serviços que invadem o espaço sob as unidades como possíveis garagens, na cota – 0,60.

Preparados fundações e pilares, as peças são montadas com grande rapidez. Cada peça, ou casa, descansa sobre quatro apoios de modo independente, permitindo que se movimentem isoladamente no caso de um eventual abalo sísmico.

O exemplo de implantação no terreno hipotético sugerido demonstra apenas um caso aplicado. Vale destacar a total independência das unidades habitacionais e do terreno, e também a total independência das unidades entre si. Assim, o modelo apresentado é reduzido, ao mínimo, nos seus componentes e versáteis, e, ao máximo, nas suas aplicações.

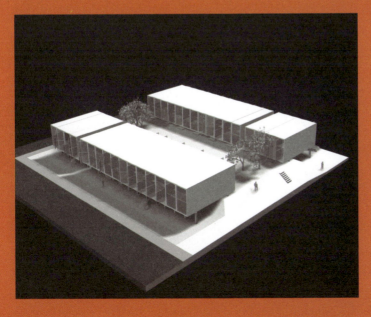

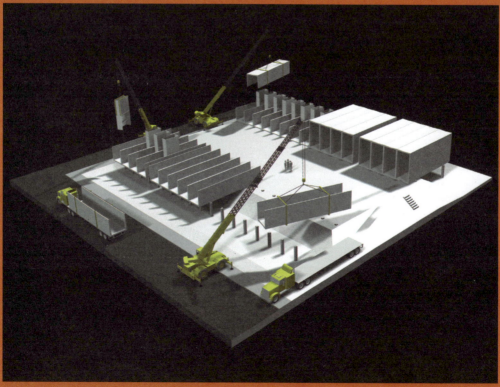

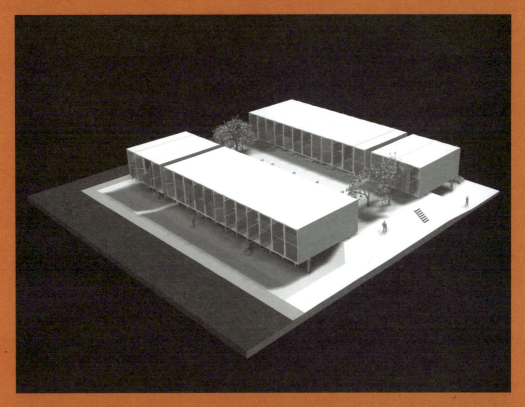

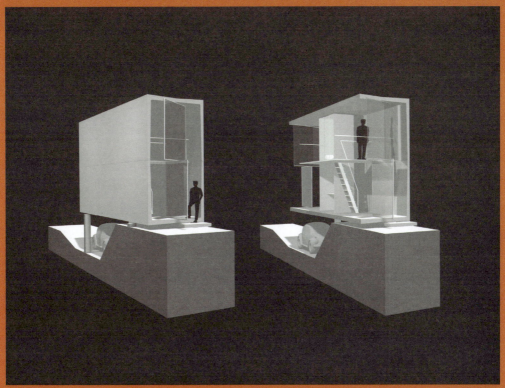

Novos materiais, artificiais, inteligentes, têm sido desenvolvidos em diversos setores, e eles colocam nova luz no modo de produção das coisas. Sistemas *cradle to cradle* adotam materiais inteligentes, capazes de possuir vários ciclos de vida, e um design estratégico, massivo, pode aplicá-los de modo mais justo às demandas da humanidade no planeta.

As abordagens advindas do design estratégico estão sinalizando uma reinvenção no sistema produtivo contemporâneo, atendendo ao desafio do desenvolvimento com sustentabilidade. Nas palavras de Mau, Leonard e Institute Without Boundaries (2004): "a ideia do ciclo de design e produção contínuas promete uma mudança nos processos de fabricação dos sistemas de desperdício industrial dos séculos 19 e 20".

Pensemos na questão de modo global.

Em um mundo onde cada indivíduo necessita de 1,8 hectare para satisfazer ou compensar suas necessidades, vários países já necessitam de mais espaço do que o tamanho de seus territórios. Singapura, por exemplo, se fosse compensar sua produção de CO_2 plantando florestas em seu próprio território, precisaria ter uma área 20 vezes maior, conforme Winy Maas (2003, p. 21).

As cidades nunca abrigaram tantas pessoas, e essa intensa urbanização acarreta o aumento do consumo de seus recursos naturais, como água e energia, e o aumento da poluição gerada. Torna-se necessário, portanto: (a) equilíbrio entre o crescimento populacional e o meio ambiente para formação de cidades sustentáveis capazes de atender às necessidades da atual população sem comprometer as futuras gerações, e (b) que as cidades se desenvolvam em favor da maioria, que são os mais pobres.

Países superpopulosos em momentos de grande crescimento econômico, como China e Índia, deveriam repensar o modelo de desenvolvimento de suas cidades. Em vez de simplesmente reproduzir o modelo do século 20, baseado no uso extensivo do automóvel calcado em pesados investimentos no sistema viário – o modelo rodoviarista –, esses países poderiam usar de modo mais estratégico o momento para alavancar modelos de cidades do futuro, mais inteligentes e sustentáveis.

A Índia possui atualmente o maior complexo viário do planeta, 5.800 quilômetros de autoestradas interligando suas quatro maiores cidades, o Golden Quadrilateral, ao mesmo tempo em que lança um carro baratíssimo (U$ 2.500). Não é difícil imaginar o modelo: (muito) mais do mesmo (problema).

A China ora investe pesadamente em imensos, genéricos e assépticos conjuntos habitacionais nas periferias de suas megacidades para atender à população imigrante (modelo fracassado no ocidente e amplamente publicizado desde a reconstrução do pós-guerra na Europa), ora em elitistas cidades *high-tech* do futuro (distantes e custosas). Obviamente, nenhum dos modelos responderá adequadamente às necessidades de um planeta mais harmonioso.

Conforme relato do jornalista David Owen, autor do *best-seller Green Metropolis: Why Living Smaller, Living Closer, and Driving Less are the Keys to Sustainability*: "o que a China e o resto do mundo precisam é uma maneira de organizar grandes populações de forma compacta e eficiente, sem uma dependência avassaladora dos automóveis. Manhattan, Hong Kong e algumas das áreas mais antigas de Pequim oferecem exemplos muito mais instrutivos. Esses são modelos muito melhores para o futuro que a cidade de vias expressas e passageiros de automóveis em Pequim, que está rapidamente se transformando, e são melhores, até mesmo, do que Dongtan Eco-City" (Owen, 2009, p. 21). Dongtan Eco-City é uma das novas "eco-friendly-smart-hightech-carbon neutral-city" sendo desenvolvidas a custos altíssimos para uma população de 500 mil (privilegiadas) pessoas no interior da China.

Podemos dizer que se desenvolveu muito sem sustentabilidade nas cidades existentes.

Conforme Jan Gehl, um dos principais precursores das cidades sustentáveis a partir da revolução que conseguiu implementar em Copenhagen, "um morador típico de Atlanta, EUA, consome mil vezes mais unidades de energia do que um morador típico da cidade de Ho Chi Minh, Vietnã. Independentemente da imensa diversidade de padrões de vida de ambos, há um claro sintoma aí: nós precisamos urgentemente redefinir a maneira como a energia é gasta em muitas cidades do planeta." (Gehl; Rogers, 2010).

No futuro, os recursos do planeta serão suficientes para acomodar a população do planeta? Quando se esgotarão as fontes de energia? Quando as florestas e as terras agriculturáveis se tornarão insuficientes? Que capacidade podemos atingir?

Como vimos a partir dos padrões de crescimento rápido dos países emergentes, principalmente os dois mais populosos, China e Índia, desenvolve-se muito sem sustentabilidade nas cidades futuras. A expansão caótica das cidades causa dificuldades de administração e de controle e fiscalização do uso do solo, além de precariedade na distribuição de infraestruturas, problemas de congestionamento e tráfego, modelos ineficientes de moradia, aumento da poluição, do desmatamento, da violência e da degradação do meio ambiente.

É nessas megacidades do futuro que o mundo precisa se reinventar, dividir riqueza para alcançar padrões mais justos e equilibrados de desenvolvimento. Padrões mais sustentáveis não apenas nos necessários desafios ambientais, mas também nos sociais e econômicos – que se reflitam não mais nos indicadores financeiros, mas em índice de desenvolvimento humano (IDH) e pegadas ecológicas.

As tecnologias verdes já estão impulsionando fortemente a economia de países como a Alemanha, onde projeta-se que ocupações relacionadas ao ambiente e energia se tornem o principal setor de empregabilidade no país e que este setor será o *boom* do século 21. Ou seja, o desenvolvimento sustentável no século 21 precisa incorporar uma agenda estratégica que contemple, pelo menos:

- nova economia: mercado socialmente responsável e ambientalmente sustentável;
- visão ampla: superação do modelo individualista e imediatista;
- novo padrão de relação social corporativo: relacionamento horizontal eco-operativo;
- novos indicadores do progresso humano (mais amplos, menos economicistas): IDH, metas do milênio, pegada ecológica, índices de sustentabilidade.

Novos indicadores têm sido buscados visando mapear o mundo e suas sociedades de maneira menos econômica ou financeira, incorporando parâmetros que reflitam qualidade de vida real e não apenas a riqueza financeira: o índice de desenvolvimento humano (IDH), índice de progresso genuíno (IPG), a pegada ecológica, os indicadores de desenvolvimento sustentável (IDS) desenvolvidos pelo Instituto Brasileiro de Geografia e Estatística (IBGE) e a matriz territorial de sustentabilidade (CEPAL/ILPES).

Desses, parece valer a pena apostar na pegada ecológica, já amplamente difundida na sociedade, e no IPG, talvez o mais completo deles. A nova metodologia inclui variáveis de gasto defensivo, como trabalho voluntário e valor da perda de tempo livre, ajusta a distribuição de rendas, soma variáveis relativas a trabalho doméstico e a trabalho voluntário e subtrai outras, como crime e poluição, englobando, portanto, as dimensões econômica, ambiental e social na sua elaboração, incluindo desde poluição a crime, provocando impacto quando apresentado e comparado com o PIB.

Lembrando Robert Kennedy: "o PIB mede tudo, em resumo, menos aquilo que faz a vida valer a pena".

Planeta em movimento

Vários fatores levam as espécies do planeta a migrar de um ponto a outro no globo. Porém, o homem divide seu território em função de questões históricas, geográficas e culturais, estabelecendo limites político-administrativos. Como destaca o arquiteto holandês Winy Maas, à medida que o mundo se transforma em uma grande cidade, o potencial de crescimento pode ser limitado pelas fronteiras criadas pelo homem:

"Em um mundo em que alguns ganham e outros perdem, estes últimos não desaparecem, eles migram para outro lugar. Chicago tem a segunda maior concentração de poloneses no mundo depois de Varsóvia. Los Angeles tem a segunda maior concentração mundial de mexicanos, armênios, filipinos, coreanos e salvadorenhos. No Kwait, de uma força de trabalho total de 1,1 milhão de pessoas, apenas 166 mil são cidadãos kwaitianos. Há mais de 150 milhões de migrantes internacionais em todo o mundo. O PIB mundial é de $44,330 bilhões e há 6,3 bilhões de habitantes. Portanto cada $7,200 produzidos sustentam uma pessoa. Os Estados Unidos com a produção de $10,065 bilhões poderia ter 1.442 milhões de habitantes (em vez de 278 milhões). A China com sua produção de $4.583 bilhões poderia ter 656 milhões de habitantes em vez de 1273 milhões. Serra Leoa, com a produção de $2 bilhões poderia 396 mil habitantes (em vez de 5 milhões).

Há uma estandardização da cultura urbana. Há um incremento multicultural natural nas cidades. Há uma imensa e crescente facilidade de locomoção planetária. Inovações navegam planetariamente em velocidade cada vez maior." (Maas, 2003, p. 23). Temos hoje todos os ingredientes para um imenso processo planetário de migração. Esta situação radicalmente nova na história da civilização – nem tanto pelo processo migratório global que já correu diversas vezes, mas pela escala atual – instaura um paradoxo: se visto como uma entidade produtiva única – um planeta global –, temos hoje todos os ingredientes para propiciar adequadas condições de vida a toda humanidade; por outro lado, se visto como uma entidade geopolítica – um planeta dividido –, temos todos os ingrediente para um gigantesco palco de desigualdades e, portanto, de disputa.

ANDRADE E MORETTIN ARQUITETOS. CONCURSO INTERNACIONAL "BUILDING A SUSTAINABLE WORLD". 2007

"Algae City" responde a novos desafios em matéria de consumo de energia e contenção da expansão devastadora da malha urbana: é proposta uma intervenção de alta densidade com módulos autossuficientes baseados em infraestruturas públicas para transporte, produção alimentar e de energia limpa com base no hidrogênio gerado a partir de algas.

O desafio proposto pelo concurso induziu à elaboração da ideia de associar as cidades do futuro com uma aglomeração ineficiente existente.

Uma rede local irá conectar a aglomeração existente a um modelo mais produtivo. Esta pequena rede, que inclui quatro células autárquicas, está inserida na paisagem de maneira simples. Além dos benefícios ambientais e sociais, essa intervenção oferece uma visibilidade no panorama global (viabilidade no mercado global de cidades).

Cada célula deve acomodar 50 mil habitantes em uma área projetada de 1 quilômetro quadrado (100 ha). A sua morfologia provoca uma ocupação racional do território (contenção). Aqui, o conceito da cidade compacta evoluiu para o conceito de superestrutura, na qual as características de densidade e urbanidade são levadas ao extremo.

O empilhamento das grandes superfícies superpostas constitui o solo urbano desta superestrutura. Cada plataforma funciona como uma extensa galeria de serviços urbanos, capaz de servir de apoio para as mudanças contínuas de ocupação, intrínsecas à dinâmica da cidade (mutabilidade). A forma de ocupação não é predeterminada: as regras para a utilização e ocupação precisam ser permanentemente discutidas pela comunidade: participação.

Entendendo que a crise ambiental global tem as mesmas causas sociais que a atual crise do espaço público nas cidades, é concebida uma cidade que tem por objetivo o restabelecimento da relação entre o indivíduo e o domínio público. O espaço público é o protagonista desta estrutura, criando um ambiente urbano intenso e diversificado.

Um sistema gerador de hidrogênio será a base do abastecimento energético da cidade. A capacidade de armazenamento em tanques de alta pressão proporciona condições para enfrentar eventuais crises, bem como um melhor controle da relação produção *versus* consumo. A energia para a superestrutura deve vir de outras fontes também, estabelecendo um equilíbrio saudável das fontes de energia limpas: perfuração profunda, fazenda solar, centrais elétricas movidas pelas marés (maremotriz) e biodiesel feito a partir do descarte das algas.

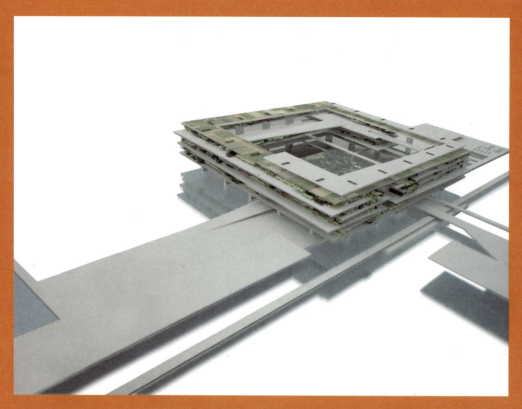

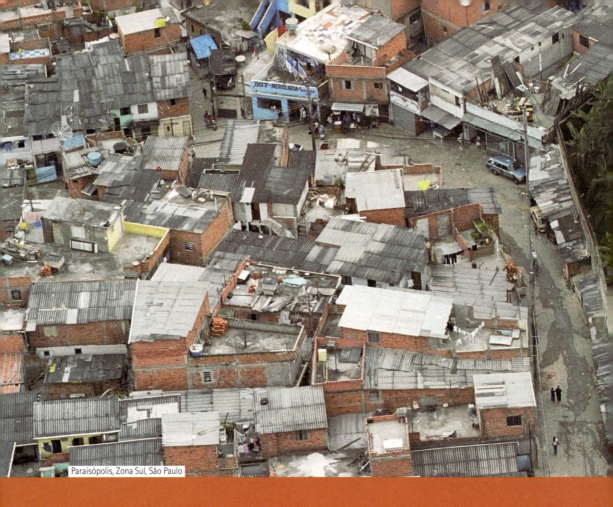

Paraisópolis, Zona Sul, São Paulo

A metrópole contemporânea apresenta imensas áreas desarticuladas e dispersas pelo território. Como fraturas, elas esgarçam o tecido urbano, estabelecendo aparente semelhança entre partes dispersas. Não há mais possibilidade de se formar um mapa mental do território contemporâneo.

3
MUTAÇÕES URBANAS

Cidades genéricas

A noção de território tem variado ao longo do tempo. O conceito de território foi-nos passado pela modernidade e assim tem vindo até o presente, quando, claramente, já não satisfaz à dinâmica da vida contemporânea, à fragmentação espacial das metrópoles e à realidade do mundo globalizado.

As novas tecnologias e a globalização econômica têm alterado os significados das nossas noções de geografia e distância. Após estudos exaustivos das alterações urbanas provocadas pelo processo de globalização, Saskia Sassen (2008) conclui que há, na verdade, uma geografia da centralização e não da dispersão ou descontinuidade, que não respeita fronteiras urbanas ou nacionalidades. No final do século 20, a globalização impôs ao território uma dinâmica até então inesperada. Deve-se ter em mente, porém, que, mesmo nos lugares onde os vetores da globalização estão mais presentes, o território habitado e com vida local mantém características próprias, cria novas sinergias que se contrapõem à globalização. Vive-se, portanto, uma realidade de crise, um conflito cultural da sociedade que se apresenta na escala do território. Esses processos simultâneos – globalização e fragmentação – geram territórios contraditórios, desconexões e intervalos na mancha urbana.

Na verdade, deixamos para trás a cidade moderna do século 20 e nos deparamos, sem aviso prévio, com as metrópoles mutantes da contemporaneidade. A metrópole contemporânea apresenta imensas áreas desarticuladas e dispersas pelo território. São áreas dotadas de fluxos variados, em trânsito permanente, com fraturas que esgarçam o tecido urbano, estabelecendo aparente semelhança entre partes dispersas.

Essa desarticulação do território pode ser vista nos arquipélagos de bairros que se margeiam, fragmentos de todas as escalas, alguns inteiros e quase homogêneos, saídos de uma superposição de diferentes épocas históricas e estruturas urbanas, que se cruzam sem definir espaços homogêneos, sem limites claros. A fragmentação territorial compreende uma rede desconexa de vazios urbanos, terrenos vagos e enclaves territoriais. Misturam-se a cidade formal e a cidade informal, ilegal, de modo aleatório e disperso. Coexistem zonas abandonadas e áreas de ocupação intensa e desordenada. A arquitetura reflete essa instabilidade, conforme descreve o filósofo e curador das importantes mostras Arte-Cidade, Nelson Brissac Peixoto (2003): "(...)formas fragmentadas e perdidas em reflexos espelhados, espaços simulando transparência, estruturas variáveis ou móveis que provocam inquietação e estranhamento. Construções que refletem as mudanças contínuas e os deslocamentos abruptos da urbe contemporânea".

A cidade perde seus limites, eixos, simetria; a arquitetura perde seus símbolos, seus monumentos. No seu lugar surge a fragmentação do território. Um dos maiores problemas para a compreensão dessas novas formas que o território adquire é, justamente, a imensidão de sua escala. Uma escala que não mais permite aos moradores da cidade percebê-la com um mínimo de clareza. Não há mais possibilidade de se formar um mapa mental da cidade contemporânea, nos moldes daqueles conceituados por Kevin Lynch. Concomitantemente, a internacionalização da produção capitalista, dentre outros fatores intraurbanos, vem determinando, nas últimas décadas, novos padrões de organização territorial metropolitana. A nova dinâmica do território, mais complexa, determina a sua descontinuidade, gera os espaços residuais – o terreno vago – e faz emergir uma organização, até então inédita, da fluidez e rede de fluxos nesse território.

Os fluxos, e não apenas as empresas físicas, passam a constituir unidades de trabalho e decisão na metrópole contemporânea. A localização dos agentes econômicos e sociais é agora determinada por uma rede de fluxos de informações e capital. A rede de fluxos estabelece conexões e mutações contínuas no território. Os fluxos substituem as localidades fixas. Surge uma inexorável descontinuidade territorial.

Assim, a forma típica da mobilidade contemporânea são os fluxos. O movimento na cidade moderna – tão valorizado pelo modelo dos Congressos Internacionais de Arquitetura Moderna (CIAMs) – é substituído pelos fluxos na cidade contemporânea. As cidades e a sua arquitetura atuam como os pontos nodais dos fluxos internacionais, em que se refletem as interconexões globais.

Há uma concentração de atividades em pontos urbanos dispersos. Surge, assim, o abandono de grandes áreas urbanas e o aumento da necessidade de locomoção entre esses nós urbanos produtivos. O território passa a ser constituído de "vastos enclaves urbanos, praticamente autônomos, ligados diretamente aos sistemas de fluxos informacionais corporativos." (Santos, 2002, p. 16-17).

Esses nós, presentes no espaço da rede de fluxos, cada vez mais se assemelham programaticamente. Ali ocorrem funções e programas semelhantes, que podem se reproduzir e se conectar por diversos territórios distintos do globo. Rem Koolhaas (2009), por exemplo, descreve os aeroportos de hoje como os paradigmas desse novo território global: cidades começam a se parecer com aeroportos e esses se tornam uma concentração de ambos, o hiperglobal e o hiperlocal, onde se pode desfrutar e adquirir coisas que pertencem a quaisquer lugares do mundo – as cidades genéricas globalizadas – e, ao mesmo tempo, conseguir coisas que são da cultura local. São típicos nós da rede de fluxos global em, ao mesmo tempo, pontos na rede do território metropolitano disperso.

Por outro lado, na espacialização dessa rede de fluxos não há escala precisa. Pode ser local, global ou urbano-regional. A rede de fluxos espalha-se por um território dinâmico, de desenho líquido, mutante. Conforme Borja e Castells (1997), "esta nova cidade metropolitana deve ser entendida como uma rede, ou um sistema, de geometria variável, articulada por nós, pontos fortes de centralidade, definidos por sua acessibilidade".

Outro olhar possível pode nos levar ao questionamento da inexorabilidade dessas redes. Pode-se, perfeitamente, pensar num sistema híbrido, onde a metrópole abarca, ao mesmo tempo, um território que possui duas lógicas distintas e complementares. Uma determinada pelo sistema de redes de fluxos, e outra de caráter local, do espaço da convivência dos cidadãos, das relações humanas que sempre existiram nas cidades. O espaço local, banal, como diria Milton Santos (2002).

Além dessas características, acrescente-se ainda o processo de "urbanificação" ocorrido na metrópole: um urbanismo de caráter meramente técnico, implementado sem o desenvolvimento concomitante de sua outra dimensão, a desejável urbanidade (Meyer; Grostein; Biderman, 2004).

FRENTES ARQUITETURA
(ARQUITETOS JOSÉ ALVES E
JULIANA CORRADINI).
O NOVO ELEVADO.
CONCURSO NACIONAL.
2006

A intervenção chamada de O Novo Elevado propõe um olhar diferente sobre o Elevado Costa e Silva, conhecido como Minhocão, importante infraestrutura da cidade, cujo potencial de recuperação e requalificação é notável dentro do contexto da cidade de São Paulo.

Propõe-se manter o Elevado com sua função atual de conexão viária leste-oeste e sobre ele acoplar uma estrutura metálica cuja cobertura é um Parque Suspenso. Além de grandes áreas ajardinadas com vegetação constituída por diversas espécies, ele terá, ao longo de 3 km, *playgrounds*, pistas de *skate*, de *cooper* e caminhadas, ciclovias, espaço para cinema, apresentações e exposições ao ar livre, bancas de revistas, quiosques, deques para banho de sol, áreas de descanso e contemplação, postos policiais e de informações turísticas.

Voltadas para as praças e os largos que existem ao longo do Minhocão, tem-se as Galerias Laterais: espaços protegidos e com vista para o exterior destinados a exposições, lojas, cafés e outros programas para o público. A chegada às Galerias Laterais e ao Parque Suspenso se faz pelos Edifícios de Acesso que, além de proporcionarem infraestrutura de apoio, abrigam programas habitacionais, educacionais, culturais e de serviços. Eles poderão ser novos – construídos sobre lotes subutilizados ou vazios – ou reaproveitados a partir de prédios existentes, alguns deles desocupados ou em mal estado de conservação.

O envelopamento das pistas do Minhocão com uma estrutura metálica não significa a implementação de um túnel cego. A fim de que os ruídos gerados pelo tráfego sejam consideravelmente atenuados, adotaram-se fechamentos acústicos heterogêneos: painéis verdes, vidros de várias cores e texturas, chapas metálicas perfuradas e painéis cegos coloridos, pintados ou grafitados por artistas, dando ao "túnel" um aspecto "poroso".

Sob o Minhocão, adotaram-se novos sistemas de iluminação e forro acústico, potencializando a calçada central como uma galeria de arte urbana a céu aberto. Para as calçadas laterais, além de uma nova iluminação, propõe-se um projeto paisagístico de vegetação e de pisos, além da inserção de equipamentos urbanos.

O Novo Elevado baseou-se na criação de um sistema apto para ser progressivamente desenvolvido na forma de uma extraordinária infraestrutura urbana que promoverá a coexistência entre seus habitantes e a cidade na forma de uma inédita experiência cotidiana.

Vazios urbanos

Concomitantemente à noção de dispersão territorial, surgem os chamados vazios urbanos ou "terrenos vagos". A definição de terreno vago na sua origem francesa, *terrain vague*, surge com precisão em um texto, hoje clássico, do arquiteto e crítico catalão Ignasi de Solà-Morales, publicado na série Any de debates conceituais (Solá-Morales Rubió, 2002). Nesse texto, ele coloca a dificuldade da tradução precisa do termo para outras línguas. Por um lado, a palavra francesa *terrain* denota uma qualidade urbana generosa, maior do que um simples terreno, significado que normalmente teria em português – maior e menos precisa porção de área urbana. Por outro lado, a palavra francesa *vague* traz, pela sua origem latina, dois significados complementares. O primeiro refere-se a vácuo, vazio, não ocupado, mas também a livre, disponível, sem uso, porém com liberdade de expectativas. O segundo significado advém do latim *vagus*: indeterminado, impreciso, sem limites claros, incerto, vago. Pode-se ainda buscar referência de significado em terreno baldio: o terreno a ser utilizado.

Assim, a relação entre todos os significados dá uma conotação abrangente ao termo "terreno vago" na sua dimensão urbana. À conotação negativa impõe-se a esperança do potencial presente: área sem limites claros, sem uso atual, vaga, de difícil apreensão na percepção coletiva dos cidadãos, normalmente constituindo uma ruptura no tecido urbano. Fratura urbana, mas também área disponível, cheia de expectativas, com forte memória urbana. A memória de seu uso anterior parece maior que a presença atual, potencialmente única, o espaço do possível, do futuro – a possibilidade do novo território metropolitano.

Tais espaços residuais surgem, normalmente, do processo de mudança do modo de produção capitalista e de seus reflexos no território metropolitano. São consequência direta das mutações urbanas. O terreno vago é, usualmente, resultante do processo de desindustrialização metropolitana do final do século 20.

As grandes transformações que os territórios metropolitanos vêm sofrendo ao passar de cidade industrial para pós-industrial, de serviços, abandonando imensas áreas de atividades secundárias, explicam, em grande parte, o surgimento dos terrenos vagos: Terrenos baldios e galpões desocupados junto aos antigos eixos industriais, antigas áreas produtivas, hoje inoperantes, massas arquitetônicas do passado industrial, atualmente vazias, em processo de deterioração física (por exemplo, os moinhos presentes na orla ferroviária paulistana). No entanto, surgem também das mal planejadas intervenções rodoviaristas, como as áreas residuais presentes no tecido urbano tradicional, cortado por gigantescos sistemas de vias. Cicatrizes urbanas. Terras de ninguém.

Pode-se colocar o terreno vago como resultante também de um processo metropolitano de palimpsesto. As mutações urbanas recorrentes, que se sobrepõem umas às outras, sem lógica histórica, geram, no território consolidado, camadas urbanas de novos usos e programas e, nos seus interstícios territoriais – *spaces in between* –, terrenos vagos. A metrópole atual, permeada por terrenos vagos, determina uma rede desconexa de espaços residuais, vazios urbanos. Um território permeado por fraturas urbanas. Os cidadãos perdem, então, o senso da totalidade, da abrangência da urbe, do seu território. Passamos a ser, então, nas nossas cidades, estrangeiros na sua própria terra.

Cidades genéricas

Dentre as várias facetas que se vão produzindo pelo atual processo de globalização, encontram-se, no âmbito do território, as contradições das cidades globais e suas realidades locais. Em cidades como São Paulo, hoje se verifica essa situação de modo dramático. Surgem enclaves globais em meio ao território fragmentado local: cenários urbanos globalizados por uma arquitetura homogênea e globalizada, controlados e privatizados, que fornecem uma imagem ilusória de familiaridade conectada à rede global de fluxos econômicos.

Trata-se, na verdade, de respostas estéticas ao processo de ocupação urbana do território americano periférico de baixíssima densidade – *urban sprawl* –, que cria uma imensa paisagem homogênea e dispersa, onde a locomoção se dá através do uso intensivo do veículo particular, o lazer ocorre em parques temáticos disneyficados e os raros encontros sociais são em *malls*. Geram-se espaços urbanos cenográficos e genéricos que "sinalizam a criação de lugares da fantasia, onde as percepções [parecem] ser projetadas por intenções do mercado." (Castello, 2007).

Não bastassem as decorrentes condições de ocupação desmedida do ambiente natural – que finalmente começa a ser questionado pelo movimento do *smart growth*

–, este processo gera um padrão de sociabilidade antiurbano e segregador, promovendo o que o geógrafo Michael Dear chama de privatopia (Dear, 2001).

E como o processo de globalização, neste início de século, se confunde muitas vezes com um processo de americanização, este modelo de vida classe média suburbana se repete no Brasil – em forma de Alphavilles e outras – e no mundo todo, invadindo até mesmo a Europa, com toda uma cultura de vida urbana tradicionalmente diversa desta e muito mais rica e intensa, e as novas e impressionantes expansões urbanas das cidades asiáticas. Ou seja, emerge um padrão que Rem Koolhaas chama de cidades genéricas.

As nossas metrópoles periféricas ganham contrastes ainda mais fortes, já que, além dos processos descritos, apresentamos, concomitantemente, as nossas periferias com ocupações ilegais de áreas de proteção ambiental através de um espraiamento urbano não planejado, ilegal, mas real. E, novamente, este padrão se repete em São Paulo ou em Lagos, na Nigéria. Assim, a globalização oferece mais um elemento contra a imageabilidade das cidades pelos seus cidadãos: a generalidade dos seus espaços.

Mapeamento cognitivo disperso

Em meio ao caos urbano de nossas maiores metrópoles, as conceituações acerca da imagem da cidade, da percepção ambiental e das formas de seu mapeamento cognitivo parecem ganhar mais força do que à época em que foram pioneiramente lançadas pelo urbanista Kevin Lynch (1990). Talvez nunca antes as imagens das cidades estivessem sendo tão preciosas, mesmo que questionadas. Por um lado, por aqueles que as transformaram em marketing e as utilizam para vender um produto atrativo a investimentos, turismo e como exemplos de boa administração pública e modelos de novo urbanismo genérico. Por outro lado, para atestarmos o quão complexo o território metropolitano contemporâneo se configura para que possamos construir a sua imageabilidade.

O conceito-chave desenvolvido por Lynch é o de que as pessoas formam uma imagem mental do ambiente construído através de seus atributos urbanos e arquitetônicos: "No processo de orientação, o elo estratégico é a imagem do meio ambiente, a imagem mental generalizada do mundo exterior que o indivíduo retém. Essa imagem é o produto da percepção imediata e da memória da experiência passada, e ela está habituada a interpretar informações e a comandar ações. A necessidade de conhecer e estruturar o nosso meio é tão importante e tão enraizada no passado que esta imagem tem uma grande relevância prática e emocional no indivíduo".

As imagens mentais formam as imagens coletivas, e estas podem ser analisadas através de elementos característicos que lhes são comuns, atributos urbanos que levam os usuários a formar suas representações espaciais cognitivas: percursos, limites, distritos, nós e marcos referenciais.

Tais postulados teóricos ajudaram a formar, posteriormente, os conceitos de percepção ambiental e de mapeamento cognitivo, sejam eles objeto de estudo de arquitetos, urbanistas e geógrafos ou de psicólogos ambientais. Tais estudos procuraram avaliar as leituras perceptivas que os habitantes fazem dos espaços urbanos, pelo pressuposto básico da existência de uma representação mental interna inerente a todo indivíduo, que lhe possibilita, além da percepção imediata multissensorial do ambiente, acrescentar-lhe significado e valores que formarão sua avaliação ambiental e o conduzirão, consequentemente, a ações e comportamentos no ambiente, formando, assim, um completo processo de cognição ambiental.

É dentro desse quadro de estudos interdisciplinares, realizados por diversos autores, mas tendo sempre um denominador comum – o pressuposto de representação mental interna como aparato cognitivo dos elementos do ambiente externo e de suas relações –, que evoluiu o conceito de mapeamento cognitivo, processo pelo qual a mente humana adquire, codifica, armazena, relembra e decodifica informações advindas do ambiente espacial.

Assim, as cidades possuiriam imagens próprias, e seus habitantes criariam imagens mentais de suas cidades ao percorrê-las e vivenciá-las. Tais imagens mentais poderiam ser pesquisadas e, ao serem analisadas, revelar imagens públicas ou coletivas que, por sua vez, identificariam atributos urbano-arquitetônicos positivos ou negativos, marcos referenciais para a coletividade ou paisagens urbanas pobres e sem significado. Mais ainda: estas pesquisas serviriam como instrumental para a implementação de um adequado desenho urbano que, de fato, responda aos anseios da população usuária.

A grande questão então é: como estruturar esse processo de mapeamento cognitivo no atual território urbano, fragmentado, complexo e dinâmico, sem marcos referenciais definidos? Como fazer a leitura desse território retalhado, cuja imageabilidade parece ser frágil e dispersa, que não mais permite estruturar legibilidade? Como mapear as escalas imensuráveis presentes em metrópoles como São Paulo? A percepção ambiental da metrópole atual exige novos parâmetros para sua análise e definição.

Conforme Peixoto (2003), "hoje têm-se sujeitos individuais inseridos em um conjunto multidimensional de realidades radicalmente descontínuas. Um espaço abstrato, homogêneo e fragmentário. O espaço urbano perdeu situabilidade. (...) O problema de mapeamento, de posicionamento do indivíduo neste sistema global complexo é também de representabilidade: embora afetados no cotidiano pelos espaços das corporações, não temos como moldá-los mentalmente, ainda que de forma abstrata. Ocorre uma ruptura radical entre a experiência cotidiana e esses modelos de espaços abstratos".

Consequentemente, tem-se a necessidade de uma nova representabilidade e de um novo mapeamento do território, os quais exigem novos parâmetros metodológicos, mais flexíveis, que abarquem a dinâmica deste território dinâmico, instável.

Na verdade, as cidades permanecem atraentes justamente por serem detentoras de uma ordem complexa, que advém de sua transformação ao longo do tempo. Tornaram-se, como já vimos, muito mais dinâmicas e complexas, porém não inexoravelmente caóticas. O território das cidades, apesar das transformações abruptas, permanece como detentor do espaço de convivência. Conforme Milton Santos (2002), "o que ele tem de permanente é ser nosso quadro de vida. Seu entendimento é, pois, fundamental para afastar o risco de alienação, o risco da perda do sentido da existência individual e coletiva, o risco de renúncia ao futuro".

Se o futuro se cria, se planeja, e se nossa imagem de cidade é fundamental para a nossa vida urbana, resta-nos buscar construir um novo arcabouço de mapeamento cognitivo dessas cidades e trabalhar para redesenhá-las com maior coerência, para restaurar padrões de navegabilidade e identificação urbanas.

Neste sentido, parece-me urgente retomar criticamente a questão da percepção urbana e do processo de cognição ambiental, originário das pesquisas pioneiras de Kevin Lynch. Se não há mais possibilidade de formar um mapa mental da cidade contemporânea, aos moldes daqueles conceituados por Lynch, que mapeamento pode ser construído em metrópoles tão fragmentadas e mutantes?

MARCOS BOLDARINI ARQUITETOS. URBANIZAÇÃO DO BAIRRO CANTINHO DO CÉU, REPRESA BILLINGS, SÃO PAULO. 2011

Em uma época em que São Paulo finalmente começa a reinventar o modo com que tem tratado seus territórios informais, no sentido de não negá-los e substituí--los, mas sim de incorporar a sua lógica própria nas intervenções de urbanização, emerge com destaque o Projeto do Cantinho do Céu, promovido pela SEHAB e com autoria do arquiteto Marcos Boldarini.

A comunidade começou a se estabelecer na década de 1980 e hoje reúne quase 10 mil famílias em uma área de cerca de 1,5 milhão de metros quadrados. O projeto estabelece um desejável elemento integrador entre moradores, cidade e represa, bem como a preservação das áreas de manancial, evitando a remoção de famílias.

Ruas de terra batida e espaços vazios sem qualquer elemento qualificativo que atraísse e proporcionasse a integração dos moradores deram lugar a um novo parque, uma nova "cidade", uma nova perspectiva de futuro para um espaço antes esquecido. Hoje, a beira da represa, que constituía área de risco, é o ponto de encontro dos moradores, conta com área de esportes, de cultura e saúde, academia para a terceira idade, pista de skate, mesas de ping-pong, quadra de bocha, campo de futebol, *playground*, deque de madeira e um parque linear. Cada uma das ruas tem uma área de lazer a poucos metros de distância (Arquitetônico, 2011).

O projeto foi elaborado como parte do programa Mananciais, mantido pela Secretaria Municipal de Habitação (SEHAB) e que conta com a colaboração do governo do Estado de São Paulo. O programa, iniciado na metade da década passada, foi retomado em 2005, quando passou a abranger a represa Billings, além da represa do Guarapiranga.

CAPÍTULO 3 | MUTAÇÕES URBANAS | 63

Trata-se então de inaugurar uma desejável prática de resgate da relação cidade-água tão desprezada na evolução urbana de São Paulo na região onde um dia havia sido planejada para ser a frente aquática da cidade.

"É como um sonho", resume Vera Lucia Basalia, de 61 anos, 23 deles vividos no Parque Residencial dos Lagos, por onde passa o parque linear de Boldarini. "Antes, a gente tinha que ir até o centro de São Paulo para conseguir se divertir. Agora não. Ganhamos o nosso Parque do Ibirapuera. Muitos vêm do centro de São Paulo para conhecer a região. Hoje, temos orgulho do bairro." Vera diz que a revitalização do espaço público reduziu a violência e o número de adolescentes envolvidos com drogas. "Os jovens não tinham o que fazer", conta Vera, presidente da Associação de Moradores do Parque Residencial dos Lagos desde 1992. "Agora, querem praticar esportes e jogar capoeira." As casas, antes vendidas por cerca de R$25 mil, agora não custam menos que R$100 mil. "Ninguém mais quer mudar daqui", afirma com entusiasmo, dizendo que até a água da represa está mais limpa (Nunes, 2011).

Recém-inaugurado, o cinema ao ar livre no Cantinho do Céu simboliza uma nova abordagem de intervenção em territórios informais: pequenas e criativas práticas de urbanismo revelam o imenso potencial desses lugares. Um urbanismo mais operacional e tático, mais integrador e menos refém das velhas imposições que insistiam em querer impor o formal sobre o informal.

Cantinho do Céu, Guarapiranga, Zona Sul, São Paulo

Cada vez mais são pesquisadas as correlações cidade-economia e as externalidades espaciais. Por um lado, há uma concentração de capital humano e econômico nas grandes cidades com maiores externalidades, que concentram diversidade e empreendedorismo, que mais geram inovação e conhecimento.
Por outro lado, os territórios informais cada vez mais se reinventam, fazendo emergir externalidades *bottom-up* e práticas criativas inovadoras também nas grandes cidades.

4
NOVA ECONOMIA E CIDADE

Um dos sintomas de que a nova economia ainda está em seus estágios iniciais é sua diversidade de rótulos e conceitos: nova economia, economia do conhecimento, economia dos serviços avançados (ou do terciário avançado) e, ainda, os correlatos economia criativa, inovadora e inteligente. Mais recentemente ainda, surgem a economia do compartilhamento (*wikinomics*), a economia verde (*green economics* ou *eco-eco – ecology economics*) e até a economia do capitalismo natural.

O fato concreto, no entanto, é que um mundo global bastante diverso começou a emergir no final do século 20 e ganhou maior dinamismo no início do século 21. Tudo que conhecemos acerca de tecnologia, meios de produção, comércio, criação e distribuição de bens e riquezas está se tornando rapidamente obsoleto.

Apesar de todos os imensos contrastes deste planeta global e urbano, por um lado, ele está sendo rapidamente atingido por uma avalanche de fluxos de informações que ninguém mais dá conta de processar e, por outro, está ficando mais "inteligente", conectado através de sistemas inteligentes. Uma nova geração de cidades e de cidades-regiões emerge também. As cidades do futuro já estão aí, sinalizando um porvir rápido. A nova economia e as novas cidades são a grande pauta deste início de século, e elas estão, mais do que nunca, imbricadas.

É obvio que só com o passar do tempo teremos uma melhor definição do que, de fato, ficará destas tantas novidades, de modo consistente, e do que se desmanchará no ar, como modismo. O olhar de sobreolhar distanciado pelo tempo deixará emergir só o que for mais consistente.

De qualquer modo, não podemos manter um posicionamento saudosista ou paralisante, ignorando as enormes e dramáticas mudanças recentes pelas quais a sociedade e a economia vêm passando desde a última década do século 20. Pode-se considerar, inclusive, que nesses anos alguns autores e seus conceitos ganharam notoriedade suficiente para alavancar o avanço do conhecimento através de novas e necessárias definições.

Neste sentido, e com um necessário didatismo introdutório a diversas questões e autores que surgirão no livro, segue um panorama geral dos temas que iniciam neste capítulo e prosseguem nos próximos.

A economia mundial vive, desde o fim dos anos 1970, uma crescente mudança de paradigma, caminhando rapidamente da tradicional produção, majoritariamente industrial, fordista, para um sistema em que os serviços predominam. Os sistemas produtivos de serviços, por sua vez, avançam com mudanças aceleradas, calcadas em inovações contínuas e rápidas, seja no aperfeiçoamento constante dos serviços conhecidos em diversos setores produtivos pelo menos desde o século 20, seja na reinvenção de diversos desses serviços ou no desenvolvimento de novos, advindos, por exemplo, da produção digital e da internet.

Não sendo este um livro de economia, seu foco são sempre os rebatimentos econômicos no território. E eles são cada vez maiores. Cada vez mais se estudam as relações cidade-economia. Seja a partir do olhar do economista interessado nas externalidades espaciais advindas das cidades, seja através do olhar dos urbanistas interessados em entender e promover desenvolvimento urbano produtivo, o território e a economia mostram-se em simbiose crescente neste momento de busca pelo desafio maior da humanidade – o desenvolvimento sustentável.

Guy Briggs (2005), do Bristol Urban Design Forum, comenta:

"Nós já estamos vendo uma ênfase renovada na qualidade do espaço em cidades particulares, e são estas cidades que parecem emergir como os lugares-chave da economia do conhecimento [...] Argumentos convencionais estabelecem as cidades como a antítese do desenvolvimento sustentável, como consumidores massivos e produtores de lixo (a La Gerardes). Entretanto, os argumentos contrastantes consideram as cidades tanto o ambiente natural do homem do século XXI com a arena onde a sustentabilidade pode melhor ser conseguida. Se a rota para o desenvolvimento sustentável é através da sustentabilidade social, a cidade é onde isso ocorrerá. Se a sustentabilidade recai sobre uma economia de significados, então é nas cidades que o processo se efetivará, através da concentração de recursos que nos permitirá conseguir um futuro sustentável.

As cidades existem por conta de duas grandes aspirações humanas: facilitar as trocas e transações, e permitir liberdade. A origem da cidade como construto físico repousa nos negócios, na economia da troca de mercadorias, e a troca de ideias e bens permanece como uma das forças fundamentais das cidades."

No nível mais básico, a economia do conhecimento refere-se a pessoas criativas se juntando – a cidade é o diferencial que propicia isso – para adicionar valor ao trabalho através da troca de informações, gerando, assim, novas ideias. A economia keynesiana supunha que o consumo era a força motriz da economia, enquanto as teorias atuais sugerem que as ideias que permitem avanços tecnológicos e inovadores são as forças motoras do futuro.

A nova configuração global apresenta um mosaico de regiões e cidades – megarregiões e megacidades, como veremos – com graus bastante diversos de capacidade de gerar inovação e novas tecnologias baseadas na economia baseada no conhecimento.

A distribuição regional dos novos fatores de desenvolvimento e riqueza (pesquisa e desenvolvimento, inovação, atividades de alta tecnologia, patentes) é muito mais desigual do que a distribuição do PIB ou do emprego: as lacunas regionais em termos de tecnologia e inovação são muito mais profundas e agudas do que as rupturas em termos de desenvolvimento.

Esta é a grande contradição de nosso tempo: os novos *drivers* de desenvolvimento e riqueza econômicos tendem a se concentrar em algumas áreas e localidades. As forças do mercado e as economias de aglomeração tendem a concentrar inovações tecnológicas em algumas ilhas territoriais, *clusters* especializados.

No que diz respeito ao processo de desindustrialização e de reestruturação produtiva, autores como Georges Benko, Alain Lipietz, AnnaLee Saxenian e Manuel Castells desenvolvem seus trabalhos acerca deste processo e de seu impacto no território, como veremos no próximo capítulo.

No crescente impacto do processo de globalização, a reestruturação econômica e as novas tecnologias são as grandes forças transformadoras que afetam o mundo contemporâneo. Cada uma delas contribui, a seu modo, para o espantoso ressurgimento do interesse nas regiões, no regionalismo e nas análises regionais: Saskia Sassen, Edward Soja, Allen Scott e Michael Storper são referências obrigatórias

– inclusive porque são pensadores que ajudaram a fundar a chamada Escola Californiana. Eles serão discutidos no Capítulo 6.

Diversos autores irão fazer o importante resgate das teorias sobre inovação de Joseph Schumpeter (1883-1950) e de aglomeração industrial de Alfred Marshall (1842-1924), formando as bases da teoria dos polos de crescimento: os ingleses James Simmie e Peter Hall e o americano Michael Porter estarão presentes quando da discussão dos *clusters* urbanos no Capítulo 6.

Concomitantemente, uma das maiores contribuições à formação da Nova geografia econômica vem de Paul Krugman, com a análise da localização industrial dos Estados Unidos, assim como a importância da diversidade nos grandes centros urbanos, também resgatada, desde os estudos pioneiros de Jane Jacobs (1916-2006), por Richard Florida e Edward Glaeser. Essas questões emergirão nos Capítulos 6 e 7.

As questões focadas nas novas demandas do desenvolvimento sustentável são aqui abordados sobretudo por Jeffrey Sachs, Ignacy Sachs e José Eli da Veiga e, complementarmente, por Paul Hawken, Don Tapscott e Steven Levitt, e serão desenvolvidas no Capítulo 7.

O olhar global, a despeito de crença no progresso humano, que constantemente tem feito a humanidade prosperar – e, no âmbito do desenvolvimento sustentável, os novos paradigmas advindos de uma economia e tecnologia verdes – nos remete a uma questão paradoxal à sociedade neste momento: "O consumo material em nossa sociedade alcançou níveis absurdos", nas palavras de Al Gore (2009). Por exemplo: altos níveis de obesidade e dívidas pessoais, menos tempo livre e meio ambiente danificado são sinais de que o consumo excessivo está diminuindo a qualidade de vida de muitas pessoas, conforme o Worldwatch Institute.

Soluções significativas para as mudanças climáticas se viabilizarão global e efetivamente se forem incorporadas por mudanças significativas no comportamento e nos hábitos humanos, que pressupõem necessariamente um novo comportamento econômico da sociedade contemporânea.

Lancemos um olhar retrospectivo a partir do biólogo americano Edward Wilson:

"A humanidade moderna nasceu, por assim dizer, há cerca de 10 mil anos, com o advento da agricultura, das aldeias e das hierarquias políticas que se seguiram. Até aquele momento, nossa espécie tinha aperfeiçoado uma tecnologia de caça suficiente para abater uma grande parcela dos maiores mamíferos e dos pássaros da Terra – a megafauna –, mas deixara intacta a maior parte da superfície terrestre coberta de vegetação e os oceanos. A história econômica que se seguiu pode ser resumida, muito sucintamente, da seguinte maneira: as pessoas empregavam todos os meios dos quais podiam dispor para converter os recursos da Terra em riqueza. O resultado foi um crescimento populacional constante, acompanhado por uma expansão do âmbito geográfico, prolongada até que praticamente toda parcela de terra habitável fosse ocupada, em um nível de densidade compatível com a tecnologia e com a resistência às doenças. Em 1500, o aspecto exponencial do aumento era óbvio. Em 2000, este produziu uma população global perigosamente próxima do limite dos recursos disponíveis na Terra. O traço-chave do avanço econômico humano fora sempre o crescimento exponencial, isto é, a cada aumento, essa mesma taxa de crescimento é alcançada mais cedo. A regra básica que a humanidade adotou é biológica por natureza: frutificai e multiplicai-vos – tente, de todas as maneiras, ser exponencial. Mais precisamente, o crescimento é logístico: é exponencial até que comece a se reduzir, e diminui progressivamente por conta de restrições impostas pelo meio ambiente." (apud Sachs, 2008).

Como a grande quantidade de dados resumidos em *A riqueza de todos* (Sachs, 2008) mostra com sóbria clareza, nós chegamos a um horizonte de oportunidades estreito. A humanidade consumiu ou transformou muitos dos recursos não renováveis da Terra para ficar em melhor forma do que nunca. Somos suficientemente espertos e, agora, espera-se, bem-informados o bastante para atingir o autoentendimento como uma espécie unificada. Se fizermos a escolha pelo desenvolvimento sustentável, poderemos garantir nossas conquistas e evitar desastres que parecem cada vez mais iminentes.

Examine os números que são mostrados em *A riqueza de todos* (Sachs, 2008). Analise um pouco. Ainda podemos corrigir o rumo, mas não nos resta muito tempo para fazer isso.

Quase todas as crises que afligem a economia mundial são, em última instância, ambientais na origem. Elas envolvem primordialmente mudanças climáticas, poluição, escassez de água, defaunação, declínio do solo arável, esgotamento das áreas pesqueiras oceânicas, esgotamento das fontes de petróleo, bolsões persistentes de miséria, ameaça de pandemias e uma perigosa disparidade de apropriação de recursos no interior das nações e entre elas. (Wilson apud Sachs, 2008, p. 7-8).

Como nos lembra o grande historiador das cidades Lewis Munford, o objetivo não deveria ser mais bens para as pessoas comprarem, mas mais oportunidades para elas viverem. Utopia?

Voltemos um pouco ao passado recente. Insubmisso, Henry Thoreau decidira não pagar impostos porque acreditava ser errado dar dinheiro aos Estados Unidos, um país escravocrata e em guerra contra o México nos idos de 1850. Não querendo financiar nem a escravidão nem a guerra, Thoreau foi preso em um de seus periódicos passeios pela cidade, quando saía da floresta para rever os amigos. A tia de Thoreau pagou a fiança, e ele foi solto na manhã do dia seguinte. Inspirado pela noite na prisão, Thoreau escreveu o famoso *A desobediência civil*. Leon Tolstoi, um dos mais famosos escritores do mundo, venerava este ensaio e o recomendou, por carta, a um jovem indiano preso na África do Sul. Este jovem indiano era Mahatma Gandhi.

A crítica de Thoreau ao capitalismo e à sociedade de consumo era, àquela época, pioneira: "Desfruta a terra, mas sem possuí-la. Por falta de iniciativa, os homens estão onde estão, comprando e vendendo, desperdiçando a vida como escravos" (Thoreau, 2011). Ele é considerado, atualmente, um dos pais da ecologia.

Parece-me que os diversos economistas atuais tão prestigiados internacionalmente, como Jeffrey Sachs ou Ignacy Sachs, sinalizam olhares pioneiros e possíveis.

As principais referências nas questões da cidade sustentável – desenvolvimento urbano sustentável – são Richard Rogers, William McDonough, Richard Register, Richard Stren e as importantes coletâneas realizadas por Bruce Mau (Massive Change), Alex Steffen (Worldchanging) e Mike Jenks (Compact Cities). Todos serão debatidos ao longo do Capítulo 7.

Finalmente, as questões recentes da cidade inteligente (*smart city*) são abordadas por William Mitchell e Nicos Kominos, além dos olhares sempre especulativos, polêmicos e interdisciplinares dos holandeses Rem Koolhaas e Winy Maas, presentes no Capítulo 7.

As cidades são pensadas como centros de inovação há muito tempo. Em 1606, o padre e pensador liberal italiano Giovanni Botero já dizia que o grande diferencial das cidades não eram nem os prazeres da vida urbana, nem a segurança que elas traziam (em comparação com a vida precária no campo), mas sim a riqueza (econômica, social e cultural) que provinha da concentração de diversidade de suas populações. O argumento seria retomado, aprofundado e popularizado mais de 300 anos depois por Jane Jacobs em *Vida e morte das grandes cidades*.

O urbanista inglês Peter Hall talvez seja o maior estudioso no meio urbanístico do papel das cidades como o grande *driver* da inovação no mundo moderno e contemporâneo: desde a publicação de *Cities in civilization* ele vem demonstrando que as grandes cidades, em suas épocas de ouro, alavancaram as grandes inovações da sociedade. A riqueza a que Botero se referia seria por Hall interpretada muitas vezes como a bem-vinda turbulência da vida urbana que propicia o berço da inovação. Como diz o economista Joseph Schumpeter (1942), um dos pioneiros a apontar o papel da inovação no desenvolvimento, a destruição coletiva de onde emergem novidades qualitativas e não apenas mudanças qualitativas.

Grandes concentrações populacionais, altas densidades, são intrinsecamente complexas. As pessoas nesses lugares precisam, obrigatória e naturalmente, ser criativas. É aí que surgem conflitos e embates de ideias, fundamentais para a emergência do novo. Como um ciclo que se retroalimenta, é por meio dos processos contínuos de geração de inovação que as cidades crescem e se desenvolvem. Ou seja, elas geram inovação, e essa gera seu crescimento.

As teorias recentes da emergência das classes criativas apenas vêm corroborar e trazer novos olhares para esses estudos. Estudos como os de Glaeser (2007, 2008) e Florida (2008) demonstram que a economia atual valoriza sobretudo o chamado alto capital humano. As pesquisas mostram que, na economia do conhecimento, o trabalhador torna-se o a variável significante na escolha locacional: as empresas estão agora perseguindo o trabalhador e não o contrário. E então, o que as cidades podem e devem oferecer de atrativo para estes novos trabalhadores, este capital humano de alta capacidade de talento?

Essas questões básicas conduzem os próximos capítulos.

OMA/AMO (REM KOOLHAAS E EQUIPE). ROADMAP 2050: UM GUIA PRÁTICO PARA UMA EUROPA PRÓSPERA DE BAIXO-CARBONO

Na atuação do arquiteto, a questão da sustentabilidade geralmente é tratada na escala do edifício. Em um esforço para abordar a questão em uma escala muito maior, AMO desenvolveu uma visão para uma rede de energia à escala da UE descarbonizada em 2050 como parte do Roteiro 2050: um guia prático para uma Europa próspera, de baixo-carbono.

Em outubro de 2009, os líderes europeus comprometeram-se com uma redução de 80-95% nas emissões de CO_2 até 2050; Roadmap 2050 foi encomendado para determinar como essas metas poderiam ser atingidas de forma eficiente. As análises técnicas e econômicas do relatório esboçaram um setor de energia carbono-zero necessário para cumprir este compromisso e ilustrar a sua viabilidade em 2050, dada a tecnologia atual.

AMO contribuiu para o desenvolvimento de conteúdos com a produção de uma narrativa gráfica sobre as implicações geográficas, políticas e culturais de um setor carbono-zero de energia. A narrativa gráfica mostra como, por meio da integração e sincronização completa e de infraestrutura energética da UE, a Europa pode tirar o máximo partido da sua diversidade geográfica: se o roteiro for seguido, em 2050 a presença simultânea de várias fontes de energia renováveis na UE criará um sistema complementar de fornecimento de energia que garantirá a segurança energética para as gerações futuras.

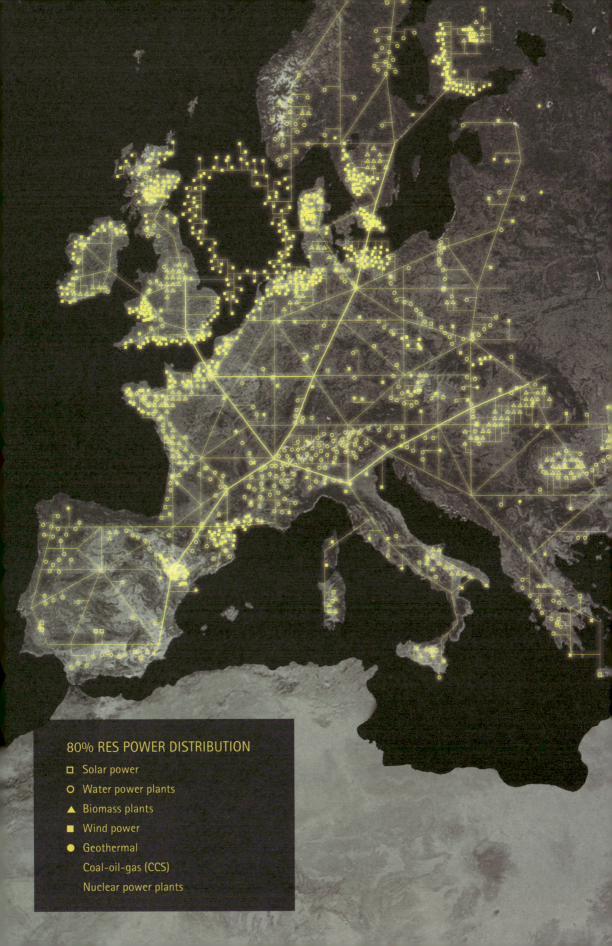

Roadmap 2050 foi encomendado pela Fundação Europeia do Clima, e o relatório completo, publicado em abril de 2010, inclui uma extensa análise técnica, econômica e política conduzida por cinco empresas de consultoria de liderança: Imperial College London, KEMA, McKinsey & Company, Oxford Economics e AMO.

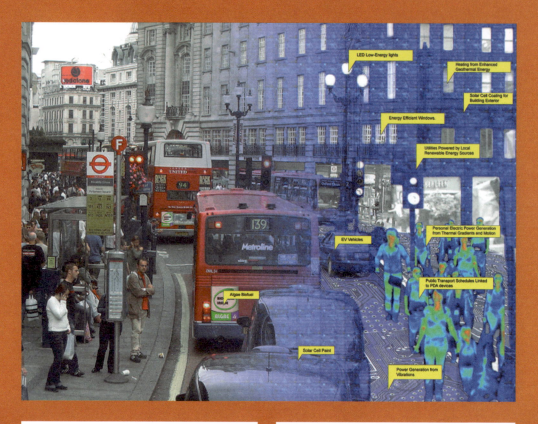

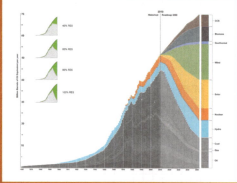

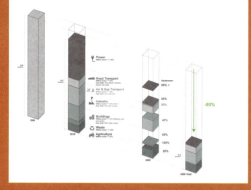

78 | CIDADES SUSTENTÁVEIS, CIDADES INTELIGENTES

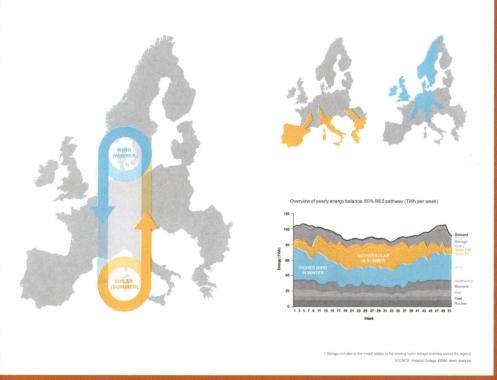

Elevado Costa e Silva (Minhocão), Área Central, São Paulo

As metrópoles são o lócus da diversidade – da economia à ideologia, passando pela religião e cultura, gerando inovação – externalidades espaciais que têm avançado projetos de regeneração urbana e processos de reestruturação produtiva através de políticas de inovação urbana.

5
REGENERAÇÃO URBANA E REESTRUTURAÇÃO PRODUTIVA

A partir da década de 1970, principalmente nos Estados Unidos e na Europa, houve profundas modificações estruturais no sistema de produção, com grande aumento do desemprego, aliado à alta da inflação e ao baixo crescimento econômico, principalmente após a crise do petróleo de 1973. Os princípios da organização industrial, baseados na produção em massa, passaram a ser questionados. Eram urgentes as transformações no aparato produtivo e no mercado de trabalho. Essas modificações alteraram o paradigma da produção industrial capitalista e tiveram grandes repercussões no desenvolvimento das regiões metropolitanas, principalmente naquelas inseridas na cadeia de fluxos internacionais, produtivos, financeiros e culturais.

Com a perda de eficácia da produção taylorista-fordista, os países industrializados viram-se em meio a um processo de desconcentração industrial, que refletia uma dispersão no local de produção. Segundo Rodwin e Sazanami (1989), o processo de desindustrialização dos países avançados pode ser medido pela queda da taxa de emprego nas indústrias tradicionais. Nas regiões em crescimento, os empregos estavam sendo transferidos para outros setores, como o de serviços. Os empregos, até então ligados majoritariamente às funções tradicionais da indústria, foram sendo transferidos para novas áreas, como design, marketing e finanças.

A destruição e/ou precarização da força de trabalho e a crescente degradação do meio ambiente apareceram como algumas das principais consequências negativas desse processo de crise da produção.

Nos países avançados, anteriormente ao processo de reestruturação produtiva que se iniciou entre as décadas de 1960 e 1970, a indústria se caracterizava por grandes unidades de produção especializadas, que funcionavam tendo em vista a padronização de produtos e a rotinização de processos. Com isso, havia o constante aumento da produção por unidade produtiva e o aumento da produtividade do trabalhador industrial.

O processo de reestruturação produtiva consistiu na reorganização do sistema e dos processos produtivos e na reorganização dos sistemas de gestão, que vieram como resposta aos problemas da crise econômica mundial da década de 1970, como a queda na produtividade industrial.

Com o processo de reestruturação produtiva, houve a fragmentação do processo de produção, resultando na descentralização da atividade produtiva e no aumento da racionalização dos processos, culminando com o fechamento de um grande número de fábricas. Nesse processo, as unidades produtivas passam a ser menores e menos especializadas. A "velha" competição por preços passa a ser também pela diferenciação e qualificação dos produtos. Novas tecnologias passam a desempenhar um papel fundamental e surgem redes de produtores, na maioria das vezes formadas por pequenas e médias indústrias.

Além do especial interesse no crescimento do emprego nos setor de serviços, outra característica importante deste processo é o aumento da mobilidade do capital e da força de trabalho para alcançar mercados nacionais e internacionais. Esse fato ocorreu pelas mudanças advindas da introdução da informação e comunicação e da diminuição do custo de transporte. As inovações contribuíram para o aumento da flexibilidade das organizações, com alterações nas escalas de produção, na diversificação e no surgimento de sistemas de subcontratações.

Desta forma, para alcançar outras alternativas de recursos e forças de trabalho, as empresas passaram a separar as diversas funções de produção que não dependem necessariamente da proximidade uma das outras, possibilitando sua realocação em lugares diferentes. Muitas atividades produtivas, além de alguns serviços, foram sendo transferidos para diferentes localizações pelo mundo.

A reorganização do processo produtivo aparece como solução à crise estrutural do capital, tanto de alguns países centrais, como resposta ao projeto neoliberal, quanto do Japão, que passou a introduzir o toyotismo como um projeto de recuperação econômica. O projeto japonês adquiriu força como alternativa possível na Califórnia (Estados Unidos), no Norte da Itália e na Suécia. O surgimento de novas técnicas de produção, como a informatização, a introdução de robôs, os processos, como o *just-in-time* e os programas de qualidade total, proporcionaram novos arranjos empresariais menos dependentes da localização.

Na tentativa de superar esse momento de exaustão do sistema produtivo vigente, as empresas adotaram dois tipos de solução distintos. De um lado, houve aquelas que acreditaram no poder de continuidade do sistema calcado na produção em massa, com base na criação de novas relações entre o mercado dos países desenvolvidos e o mercado dos países em desenvolvimento que estavam em fase de crescimento. Exemplo emblemático é a indústria automobilística norte-americana e a proliferação das chamadas empresas multinacionais em certos países em desenvolvimento, como o Brasil.

Por outro lado, outras empresas adotaram o modelo que os autores, assim como Scott e Storper (1988), chamam de especialização flexível, no qual a inovação é uma busca permanente e há a necessidade de mão de obra qualificada e equipamentos e maquinários de uso flexível. Nesses casos, é necessário que as empresas estejam inseridas em uma região onde haja uma comunidade industrial desenvolvida por meio de políticas que restringem a competição "selvagem" e favorecem a inovação e a cooperação entre as empresas.

A primeira solução foi desenvolvida principalmente pelas nações de governo liberal, como Estados Unidos e Inglaterra, além de Espanha, Portugal e França. Esses países optaram, de um modo geral, por manter o modelo taylorista de desenvolvimento, no qual as grandes cidades têm um papel de concentradoras de empresas de ponta, deixando as de menor qualificação produtiva se dispersar pelo restante do território. A opção por abandonar o taylorismo, característica da segunda solução, foi adotada por Alemanha, Itália, Escandinávia e Japão, que preferiram entrar em um processo de qualificação da mão de obra, o que favoreceu os chamados distritos industriais. Experiências emblemáticas desta solução são o Vale do Silício (Estados Unidos) e a Terceira Itália.

Nesta nova fase do capitalismo, o surgimento dos setores de produção flexível e o processo de internacionalização são concomitantes aos processos de reestruturação tecnológica e de transformações estruturais, dando início a uma nova fase da globalização econômica e proporcionando o desenvolvimento das chamadas metrópoles de serviços.

A análise do desenvolvimento urbano com base no processo de reestruturação produtiva deve contemplar as mudanças no mercado de trabalho e a redefinição do papel das cidades, que aparecem agora também como um empreendimento. Passa a ser necessária a adoção de novas formas de planejamento e gestão urbanos, como o chamado marketing de cidades e embelezamento, os projetos de regeneração urbana de centros históricos e o planejamento estratégico, estabelecido pela Escola de Barcelona, de Borja e Castells.

As cidades, neste processo de terceirização da estrutura produtiva, necessitam da concentração de mercado e de conhecimento, entre setores inovadores e dinâmicos, na tentativa de agregar vantagens competitivas e de se sobressair no novo paradigma industrial.

Nesse sentido, as grandes empresas passam a depender de um amplo sistema de redes entre fornecedores e distribuidores, terceirizando atividades, reduzindo o número de pessoal ocupado e inovando nos processos de produção e nos produtos.

As teorias da desindustrialização e do processo de reestruturação produtiva respondem plenamente às transformações que ocorreram nos países desenvolvidos. No caso dos países em desenvolvimento, como o Brasil, o processo de desconcentração das indústrias advém também da reestruturação do capitalismo global, que trouxe facilidades de gestão a distância, novas técnicas de produção, a possibilidade de vantagens locacionais e a terceirização de boa parte do processo produtivo, mas que não se explica totalmente por esses fatores. São somados aspectos endógenos específicos da realidade brasileira.

Enquanto nos países industrializados o processo de reestruturação produtiva e de desconcentração industrial é evidente pela transferência das plantas industriais menos qualificadas para países em desenvolvimento, pelo alto grau de automação e pelo aumento significativo do desemprego, nos países em desenvolvimento devem ser acrescentados alguns fatores fundamentais: a abertura econômica, a desregulamentação liberal, as privatizações e o aumento alarmante dos trabalhos informais. No caso específico do Brasil, ainda pode-se somar a falta de uma política industrial homogênea e estruturada, que abre espaço para guerras fiscais e para a oferta de incentivos por parte das cidades do interior.

O processo de reestruturação produtiva no Brasil iniciou-se em 1980, porém de forma lenta e seletiva, ampliando-se apenas na década seguinte. Na década de 1980, o ritmo das mutações organizacionais e tecnológicas dos processos produtivos foi muito mais lento do que nos países centrais. Foi na década de 1990, com a sucessão de governos democráticos e com o início do processo de liberalização do comércio e investimento estrangeiros, que o processo de reestruturação produtiva realmente se desenvolveu por todo o país.

Houve a introdução de conceitos do toyotismo, de processos de desconcentração produtiva e relocalização industrial. Com o Plano Real, em 1994, e com a relativa estabilização da economia, os elementos que caracterizaram a reestruturação produtiva, já introduzidos à realidade brasileira desde o início da década de 1980, encontraram um quadro macroeconômico propício ao seu desenvolvimento.

O processo de reestruturação produtiva e territorial revelou o protagonismo das cidades-regiões – áreas metropolitanas com mais de 1 milhão de habitantes conectadas aos processos de transformação econômica e social ocorridos em escala mundial. No crescente impacto desse processo de globalização, a reestruturação econômica e as novas tecnologias são, segundo o geógrafo e professor da UCLA Edward Soja (2000), as grandes forças transformadoras que afetam o mundo contemporâneo. Cada uma delas contribui, a seu modo, para o espantoso ressurgimento do interesse nas regiões, no regionalismo e nas análises regionais.

Autores como Manuel Castells, Peter Hall e Saskia Sassen desenvolveram seus trabalhos acerca dos impactos dos processos de transformação da economia no território e na organização das cidades. Baseado na teoria das redes, Hall (2010) acredita na criação de um sistema urbano de hierarquias, formado por setores de produção global que se baseiam em pontos nodais locais que também atuam globalmente. Essa nova organização do espaço se caracteriza por um sistema de hierarquias articulado em escalas territoriais, que variam desde o local até o global. Este sistema de hierarquias é constituído, segundo Hall, pelas cidades globais, cidades nacionais e cidades regionais, semelhante às definições de Sassen (2010).

As cidades globais são reconhecidas pela escala mundial de suas transações comerciais, pela presença significativa do setor de serviços, em que predominam sedes bancárias e de grandes corporações, sedes dos grandes veículos de informação e comunicação, grandes universidades e hospitais, além de infraestrutura sofisticada de transporte e mobilidade, como a presença de aeroportos internacionais.

Essas cidades passaram por um processo de polarização da força de trabalho e de perda de empregos dos setores tradicionais da economia.

A maioria das cidades regionais dos Estados Unidos e do Japão e algumas capitais nacionais da Europa, como Madri e Roma, estão abaixo das cidades globais em termos de hierarquia urbana. Elas são as chamadas capitais regionais, igualmente conhecidas como subglobais ou cidades-regiões, e também podem ser encontradas na Espanha, na Alemanha, no Brasil e no México, representando um papel nacional importante. Algumas assumem funções globais, como Frankfurt e Los Angeles, e outras têm grande força regional, como Guadalajara e Rio de Janeiro.

Essas cidades "subglobais" assumiram seu papel de centros de serviços de alto nível dentro de sua esfera de influências, atraindo as indústrias mais dinâmicas relacionadas ao setor de serviços e de informações, como educação, saúde, serviços bancários e seguros.

Diversos autores chegam a citar Buenos Aires, Cidade do México, Rio de Janeiro e São Paulo, entre outras, como sendo cidades-regiões, e até mesmo cidades globais. Um dos motivos é a concentração das principais atividades da economia avançada em seus territórios e sua relação com suas economias nacionais. Existe, no entanto, uma série de requisitos para se tornar uma cidade global, uma cidade-região ou uma cidade subglobal. De um modo geral, as cidades têm buscado se inserir nessa rede de fluxos internacional na busca por ganhos de competitividade e produtividade econômica e melhoria da qualidade de vida.

Nessa busca por maiores níveis de produtividade, as estratégias urbanas são o meio pelo qual as cidades planejam se inserir na economia mundial de fluxos de informações. Segundo Klink (2001), esta tão almejada produtividade depende essencialmente de três condições: conectividade, inovação e flexibilidade institucional.

As cidades passaram, então, após a década de 1970, no caso dos países desenvolvidos, a desempenhar um papel fundamental na reorganização do sistema econômico, ao mesmo tempo em que sofreram grandes modificações localizadas, principalmente no território metropolitano, com a saída das grandes plantas industriais e a emergência de amplos vazios urbanos.

Economia criativa e inovação

A segunda Revolução Industrial, que transformou a sociedade a partir de meados do século 19, se caracterizou pelo novo papel atribuído à ciência de promover a inovação tecnológica. A mente humana deixou de ser apenas um elemento de decisão dentro do sistema produtivo e passou a ser força direta da produção. Os conhecimentos científicos tornaram-se os principais artifícios de sustentação e de direção do desenvolvimento tecnológico. As inovações tecnológicas passaram a ser o elemento crucial em uma economia baseada cada vez mais no desenvolvimento do conhecimento.

Mais ou menos um século depois da Revolução Industrial, o trabalho sobre inovações de Schumpeter (1942) tornou-se a maior base teórica do tema. O autor define a inovação em três fases no desenvolvimento de tecnologias – invenção, inovação e dispersão da inovação – e define o processo como "destruição criativa", que pode se manifestar na forma de novos produtos, novos processos produtivos, novas fontes de matéria-prima e/ou novos setores de atividade. Para Polenske (2007), Schumpeter enfatiza as questões relacionadas ao empreendedor, mais do que as relacionadas propriamente ao objeto da inovação.

Perroux (1955 apud Simmie, 2001) foi o primeiro a unir as teorias sobre inovação de Schumpeter e de aglomeração industrial de Marshall, formando as bases da teoria dos polos de crescimento.

Para Hoover e Vernon (apud Simmie, 2001), o primeiro estágio do processo de inovação acontece em grandes regiões metropolitanas, onde estão presentes inventores e empresários que conhecem a alta dependência da comunicação e das economias externas na criação e no desenvolvimento de produtos inovadores. É um processo marcado pela necessidade de flexibilidade, cuja principal preocupação é a introdução do novo produto no mercado.

O modelo de Hoover e Vernon se baseia na interface entre organização industrial e localização. Nesta interpretação, cada estágio da produção industrial – inovação, crescimento e maturidade – exige da região em que está localizado determinadas características específicas, como mão de obra qualificada, recursos de pesquisa e desenvolvimento e capital disponível.

As inovações, centro das políticas econômicas, assumem importância como base principal da competitividade e do crescimento da economia. Até a década de 1970, as teorias formuladas para explicar o relacionamento entre inovação e espaço tinham como base a teoria de Schumpeter combinada com a teoria tradicional da aglomeração, desenvolvida por Marshall em 1890, com a teoria de Scitouvsky, em 1963, com a teoria do ciclo de vida do produto de Hoover, em 1948, e Vernon, em 1966, e com a teoria dos polos de crescimento, elaborada em 1955 por Perroux (Simmie, 2001).

Para Polenske (2007), existe uma lacuna na definição da teoria sobre inovações e sobre como mensurá-las. A maioria dos estudos existentes não considera a variável espaço em suas análises. Eles medem inovações por número de patentes ou fundos alocados para o desenvolvimento de inovações, mas sem dizer onde estão localizados.

Simmie (2001) se propõe a estudar a nova geografia industrial em função da dinâmica espacial das inovações. Suas maiores questões são por que e quando as inovações se espacializam e por que são concentradas em alguns locais e não em outros. Suas críticas à teoria de Schumpeter dizem respeito ao local de desenvolvimento das inovações. Apesar de elas acontecerem dentro das empresas, a demanda por novos produtos ou processos pode vir também dos fornecedores e dos consumidores. Para o autor, o ambiente é o fator fundamental na geração de inovações.

Como apontado anteriormente, a partir de 1970 as transformações advindas das inovações tecnológicas proporcionaram o surgimento de duas alternativas à teoria econômica tradicional das aglomerações de inovações. Ambas foram inspiradas no trabalho de Piore e Sabel (1984), que passaram a explicar a geografia das inovações com base nas grandes mudanças ocorridas na estrutura das empresas após a desintegração vertical e a adoção dos conceitos de especialização flexível.

Piore e Sabel (1984) argumentam que a especialização flexível é estratégia para um processo permanente de inovações. Atribuindo importância fundamental ao ambiente, esses autores revelam também aspectos fundamentais que garantem dinamismo no processo inovativo, como desintegração vertical da estrutura produtiva, presença de mão de obra qualificada e de infraestrutura e criação de políticas públicas.

A teoria dos novos distritos industriais, desenvolvida por Becattini (1990 apud Simmie, 2001), é uma alternativa para a criação de ambientes inovadores. Becattini faz uma releitura dos conceitos de *industrial districts* estabelecidos por Alfred Marshall em 1890. Nesse sentido, a construção de relacionamentos de confiança entre colaboradores locais é fundamental no processo de inovação, o que acaba por fortalecer o desenvolvimento das habilidades necessárias à formação de redes, tanto locais como regionais, nacionais ou internacionais.

Entretanto, Simmie (2001), apesar de concordar com as vantagens oferecidas pelos ambientes nos processos de inovação, adverte para os problemas que existem em explicar a existência de ambientes inovadores e para comprovar sua capacidade na aceleração dos processos de inovação. Faltam estudos que expliquem os motivos pelos quais as inovações se concentram em certas localidades e não em outras. Segundo ele, esta teoria deixa de explicar se são as inovações ou os ambientes inovadores que surgem primeiro. Quando já formados, os ambientes inovadores parecem criar um ciclo virtuoso de estímulo ao contínuo processo de inovação. No entanto, como o ambiente é criado, ainda permanece um mistério, sem definições dos mecanismos que tornam uma região um ambiente inovador.

Planejadores e analistas discordam sobre a natureza das inovações e sobre a importância ou não do espaço na geração de inovações. Também discordam sobre a possibilidade ou não da reprodução de ambientes inovadores para qualquer região.

Polenske (2007) também se questionava a respeito da eficácia da reprodutividade destes modelos em diferentes localidades e realizou estudos na China que comprovaram a existência de regiões em pleno desenvolvimento econômico baseadas na dispersão da inovação e da indústria.

Também inspirados na teoria da especialização flexível, Coase e Williamson (1975 apud Simmie, 2001) dão ênfase às economias de rede e argumentam que o processo de reaglomeração das empresas existe em função da necessidade de minimização de custos de transação. Neste novo paradigma, denominado *network paradigm*, a proximidade local de empresas inovadoras é necessária para facilitar interações múltiplas e complexas.

A conhecida "Escola Californiana" de Scott e Storper (1988) utiliza os conceitos-chave desenvolvidos por Coase e Williamson (sistema de redes e custos de transação) para explicar a aglomeração dos sistemas locais de produção em rede. Para os autores, as redes transnacionais propiciam um ambiente extremamente favorável, criativo e inovador para a fluidez constante de informações relacionadas tanto às novas tecnologias, quanto a novos mercados e produtos. Desta forma, estabelece-se uma relação essencial entre os sistemas em rede e as grandes cidades.

De um modo geral, a década de 1970 foi o marco histórico das transformações do capitalismo pela difusão de novas tecnologias da informação e comunicação. Segundo Castells (2009), por influência de diversos fatores, não só econômicos, mas também institucionais e culturais, a primeira revolução da tecnologia da informação aconteceu nos Estados Unidos, mais precisamente na Califórnia.

Castells e Hall (1994, p. 75) destacam a importância do local no desenvolvimento dos processos de inovação e relacionam o processo de revolução da tecnologia da informação com a formação dos meios de inovação, que desempenham um papel decisivo nesta nova fase do capitalismo pós-1970. Os autores demonstraram que as regiões metropolitanas mais antigas são os maiores centros de inovação do mundo contemporâneo, pois concentram conhecimentos científicos e tecnológicos, instituições de pesquisa, empresas e mão de obra qualificada. "A força cultural da metrópole (...) faz dela o ambiente privilegiado dessa nova revolução tecnológica, desmistificando o conceito de inovação sem localidade geográfica na era da informação."

O Estado desempenhou papel fundamental no início desse processo. No Japão, por exemplo, ele patrocinou e orientou o desenvolvimento de ambientes inovadores, com uma participação muito modesta das universidades e das novas empresas. Na Europa, alguns governos, como os da França e da Inglaterra, criaram uma gama de programas tecnológicos. Mesmo nos Estados Unidos, o Estado teve uma participação essencial, por meio do financiamento de programas de pesquisa e de contratos militares pelo Departamento da Defesa.

A economia informacional provocou diversas transformações na estrutura urbana e no papel desempenhado pelas cidades. Enquanto a produção industrial se dispersou em distintos territórios ao redor do mundo, o setor de serviços se concentrou, em locais diferentes daqueles ocupados pela antiga produção. Os efeitos se multiplicam, tanto no que diz respeito aos meios de transporte e de comunicação, serviços pessoais e de entretenimento e cultura, como pela intensa competição entre as cidades, que foi continuamente acirrada. A nova lógica locacional passa a ser governada pelo acesso à informação.

Jane Jacobs (2003) salienta a importância da diversidade nas cidades como fator fundamental para a contínua geração de inovações e para o dinamismo econômico. Os centros urbanos, como locais de concentração de pessoas, de diversidade cultural e populacional, favorecem o surgimento de ideias e os processos de inovação. Para a autora, a diversidade não é apenas étnica, diz respeito também a diferentes tipologias de edifícios residenciais e comerciais e a diferentes tipos de negócios. Para que as cidades não estagnem economicamente, nem declinem, é necessária constante evolução, principalmente no desenvolvimento de novos produtos.

De um modo geral, houve um consenso de que as novas tecnologias cada vez mais transformavam o lugar, ou o espaço, em fator irrelevante na geração de crescimento econômico. A ideia, no entanto, de um mundo sem fronteiras e de uma globalização da economia, na qual não importa mais onde se está para a geração de riquezas, passou a ser questionada. A globalização passa a ser vista não só como geradora de economias de dispersão, mas também como geradora de economias de aglomeração.

Para Florida (2008), o lugar passa a desempenhar novamente um papel decisivo para a economia, já que fatores econômicos chave, como talento, inovação e criatividade, não estão distribuídos igualmente pelo mundo, mas sim reunidos em determinadas localidades, em uma concentração crescente de talento e pessoas produtivas ao redor de cidades-regiões, que se tornam cada vez mais os motores de desenvolvimento e crescimento econômico.

Os efeitos das novas tecnologias no sistema das cidades

Os efeitos da introdução de novas tecnologias no sistema de transporte e de comunicações foram amplamente analisados por Hall (2010), principalmente, como fatores de dispersão do território. De fato, provocaram o aumento da acessibilidade a novas regiões e a exploração dos territórios urbanos.

Os impactos nas cidades dependeram, majoritariamente, da adaptação dos empresários às novas infraestruturas. Os aeroportos tornaram-se os maiores atrativos de novas atividades, e a "conteinerização" reorientou as atividades portuárias, oferecendo à cidade extensas áreas disponíveis a processos de redesenvolvimento, como Docklands, em Londres, e Mission Bay, em São Francisco.

Segundo Hall (2010), um dos impactos que as mudanças advindas da reestruturação produtiva causaram no espaço urbano foi o acelerado processo global de migração dos países desenvolvidos para os menos avançados. Europa e América do Norte já vinham sofrendo com movimentações regionais, geralmente a curtas distâncias. Entretanto, a partir da década de 1980, estas regiões receberam um grande contingente populacional, motivado por razões econômicas e vindo de países menos desenvolvidos, que se concentrou nas poucas áreas urbanas de maior porte.

Este fenômeno causou não só efeitos sociais, como a convivência de culturas e línguas distintas, geradoras de uma permanente heterogeneidade cultural, mas também econômicos e espaciais. Nas grandes cidades, a maior concentração dos empregos de baixos salários estava sendo rejeitada pela força de trabalho doméstica, passando a atrair a nova população imigrante.

Esse crescente processo de imigração, aliado aos novos modelos de expansão urbana residencial e de desenvolvimento local, não só teve impactos na estrutura social e cultural das cidades, como também modificou sua morfologia espacial. As grandes regiões metropolitanas passaram por um processo cada vez mais acentuado de descentralização, estendendo seus limites urbanos.

As atividades tenderam, dessa forma, a se dispersar em territórios cada vez mais remotos, em busca de menores taxas de aluguel e de mão de obra de alta qualidade. Contudo, a necessidade de proximidade para um aprendizado baseado na comunicação face a face, propício à inovação, fez que este processo de descentralização se restringisse a uma faixa dentro da esfera de influências no entorno das grandes metrópoles.

Este fenômeno evidencia, portanto, o paradoxo estabelecido nas regiões metropolitanas nesta nova fase do capitalismo: processo simultâneo de descentralização e recentralização. Há hoje grande pressão para o redesenvolvimento das regiões próximas aos centros urbanos que se encontram abandonadas, com o intuito de desestimular o crescimento periférico das cidades e o espraiamento urbano.

Vale ressaltar que essas considerações sobre os impactos dos processos de reestruturação produtiva e da chamada Era da Informação na estrutura das cidades não se restringiram apenas aos países desenvolvidos. Uma análise fundamental, entretanto, é que os problemas sociais e ambientais, que já são considerados alarmantes nos países avançados, adquirem uma dimensão muito mais grave nos países em desenvolvimento.

Com o processo de globalização, que trouxe nova dinâmica e novos padrões de organização do território, os vazios urbanos apareceram como espaços de ruptura do tecido urbano, verdadeiras áreas sem uso e sem limites evidentes. No caso do Brasil, muitas das regiões metropolitanas consolidadas também sofreram, junto com o processo de reestruturação produtiva, o deslocamento das indústrias e o surgimento de áreas ociosas, que foram, ao longo do tempo, se tornando cada vez mais degradadas a partir do momento em que não foram sendo reutilizadas.

O processo de preenchimento deste novo território, na maioria dos casos em torno de orlas ferroviárias ou portuárias, e sua renovação econômica e urbana passaram a ser uma das grandes preocupações de algumas cidades brasileiras, como São Paulo, Belo Horizonte, Recife e Porto Alegre. Esses chamados vazios urbanos, comumente presentes no território das cidades contemporâneas, podem ser reaproveitados, em uma resposta urbana integrada com a volta da densidade e com o retorno de investimentos nos centros das metrópoles. As áreas de vocação histórica produtiva, que entraram em declínio com os processos de desindustrialização e reestruturação, podem voltar a entrar em produção, resgatando a sua vocação original.

Ao mesmo tempo, como um instrumento de desenvolvimento local e como indutores de processos de inovações aliadas às novas demandas industriais e aos serviços tecnológicos, os *clusters* urbanos, fortalecidos com o processo de reestruturação produtiva que se deu majoritariamente a partir de 1970 nos países desenvolvidos, têm provocado transformações no espaço urbano. O território se reorganiza de um novo modo, com novas funções e demandas, com base na implementação destes novos arranjos produtivos baseados na criatividade e na inovação.

Os *clusters* urbanos são capazes de alavancar processos de regeneração urbana de áreas em transformação produtiva como elementos-chave na geração de novas funções do espaço urbano cuja vocação histórica está voltada à produção industrial. Dessa forma, a regeneração urbana é aqui entendida por meio de uma abordagem diferente daquela tradicionalmente apresentada nos processos de "revitalização urbana": o projeto urbano oferece funções ao território, e não apenas o embeleza ou o reorganiza espacialmente.

Apesar de o desenvolvimento local não poder ser reduzido exclusivamente à promoção dos *clusters* urbanos, eles constituem uma nova estratégia produtiva na economia do século 21 e são reconhecidos como instrumento de ação no espaço das cidades.

Diversas administrações públicas nos Estados Unidos estão contratando consultorias especializadas em prover o redesenvolvimento urbano sustentável de áreas industriais obsoletas (*rebirth of old industrial sites*). Identificar e buscar superar os pontos que estão dificultando novos empreendimentos privados em áreas centrais – contaminadas ou não – tem sido o objetivo principal dos consultores. Essas barreiras podem ser superadas se os líderes da cidade tiverem uma postura proativa para satisfazer as necessidades complexas de empresas para iniciar operações, mudar-se ou adicionar novas instalações em áreas industriais centrais. As empresas estão dispostas a considerar mais zonas industriais e *greyfields* abandonados.

Outro fator importante para o sucesso desta importante empreitada é aproveitar as imensas oportunidades de gestão inteligente das cidades para mapear e publicizar o potencial destes territórios, tirando-os do "buraco negro" em que se encontram em muitas cidade. É fundamental que se tenha total e ágil conhecimento dos territórios industriais disponíveis, quais seus graus de contaminação do solo e quais as novas oportunidades de regeneração urbana específicas: incentivos fiscais, normas de flexibilização de uso do solo, instrumentos de financiamento, etc. Lembremo-nos de que, nos Estados Unidos, há anos a respeitada agência de proteção ambiental Environmental Protection Agency (EPA) busca promover tudo isso e possui o Superfundo, específico para recuperação de *brownfields*.

Os benefícios inovadores da clusterização têm sido outro fator alavancador do renascimento destes territórios nos Estados Unidos. As empresas querem se localizar onde outras do mesmo setor já estão estabelecidas e os fornecedores, as redes de distribuição e os serviços de apoio já existem. Boston, por exemplo, tem conseguido reinventar seguidamente seus territórios industriais através da permanente busca por incentivo dos corredores tecnológicos nas suas bordas, oferecendo economias de aglomeração amarradas por meio de eficientes sistemas de mobilidade circunferencial.

Há uma interessante emergência do que se pode chamar economia das cidades centrais, ou a reinvenção econômica das áreas urbanas centrais. Cidades como Londres, Barcelona, Cingapura, São Francisco e Vancouver são casos de sucesso em termos de grandes territórios reestruturados com políticas públicas determinantes na promoção de um interessante retorno da produção à cidade central, assim como alguns bairros que têm se reestruturado com base nas diferentes possibilidades apresentadas pela nova economia em inúmeras cidades, como Nova York, Toronto, Berlim e Montreal. Além dos serviços e equipamentos tradicionalmente presentes nestas áreas, há uma emergência de inúmeros serviços novos ligados à economia do conhecimento, da cultura e da tecnologia (Hutton, 2010).

Se formos especular um pouco mais ousadamente e olhar para novos cenários estratégicos possíveis, pode-se avaliar que ambos processos – regeneração urbana e reestruturação produtiva – poderão começar a emergir em nossas metrópoles contemporâneas para além das configurações territoriais usuais.

Novos arranjos produtivos poderão se aliar a novos arranjos espaciais na construção de novos territórios que agreguem valor de funcionalidade produtiva e urbanística.

Neste sentido, urbanistas e economistas poderão especular sobre formas de arranjos em que os grandes gargalos das metrópoles atuais, como falta de mobilidade e espraiamento urbano, por exemplo, sejam superados e novos modelos emerjam por meio de novas tecnologias. Exemplos de trabalhos especulativos são os desenvolvidos pelo TerraformONE, sob coordenação do arquiteto Mitchell Joachim, ex-membro do MIT Smart Cities Lab e professor-pesquisador do Urban and Sustainable Design Lab da Universidade de Nova York.

TERREFORM ONE (OPEN NETWORK ECOLOGY).
HOMEWAY: THE GREAT SUBURBAN EXODUS

Como as nossas cidades podem se estender com sustentabilidade para os subúrbios? Colocando o futuro sistema de moradia americana sobre rodas. Estas casas retrofitadas e adaptadas viriam (e voltariam) aos núcleos centrais da cidade. Pretende-se reforçar as autoestradas existentes entre as cidades e os subúrbios com uma infraestrutura inteligente renovável. Portanto, nossas casas estarão habilitadas para um fluxo contínuo entre núcleos urbanos.

A proposta prevê uma solução imensa e vital ao problema fundamental: subúrbios norte-americanos não funcionam de forma eficiente. Nos próximos 25 anos, serão construídas 56 milhões de novas casas, que consumirão 7,6 milhões de hectares de terra virgem e emitirão 7,3 bilhões de toneladas de CO_2 por ano. Estes modelos de desenvolvimento precisam ser repensados para atender às nossas capacidades de carga ecológica. Por que devemos colocar mais energia nos padrões ultrapassados e inferiores? Os Estados Unidos precisam entregar habitações mais perto das principais artérias existentes de infraestrutura.

Os Estados Unidos sempre foram uma nação *on the road*. Deseja-se mover os subúrbios em redes móveis inteligentes. Tem-se a intenção de propor uma variada gama de mecanismos de mobilidade para unidades domiciliares que geram nosso sistema *HOMEWAY romance*. No futuro, o lar permanecerá fisicamente estático, mas a sua localização será transitória. Nossos subúrbios estáticos serão transformados em um fluxo dinâmico e destacável. Casas terão a opção de mudar de estado, do estacionado à baixa velocidade. Casas, grandes lojas, cinemas, supermercados, centros de negócios, produção de alimentos e usinas de energia se afastarão das suas atuais comunidades suburbanas e se alinharão ao longo das estradas para criar um verdadeiro organismo urbano metabólico interconectado. Fitas densas de elementos de alimentos, energia, resíduos e água seguirão a direção dos *clusters* populacionais móveis.

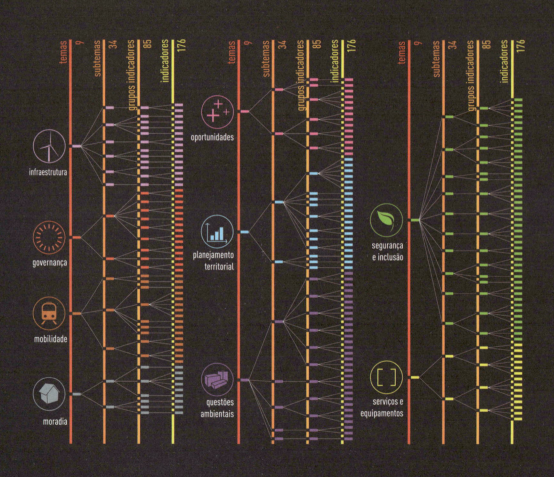

A capacidade de inovação atual se dá em ambientes de competitividade, cooperação, compartilhamento e prosperidade. A economia do conhecimento, um sistema de mobilidade inteligente, ambientes inovadores/criativos, capital humano de talento, habitação acessível e diversificada para todos, e sistemas inteligentes e integrados de governo (transporte, energia, saúde, segurança pública e educação) constroem cidades mais inovadoras e interessantes.

6
ECONOMIA CRIATIVA, INOVAÇÃO E CLUSTERS URBANOS

Praticamente esquecidos até a década de 1980, os distritos industriais de Alfred Marshall foram resgatados na tentativa de reproduzir as condições de sucesso dos distritos industriais italianos, estruturas extremamente dinâmicas na região da Emilia-Romagna, Vêneto e Lombardia, que passou a ser chamada de Terceira Itália.

Segundo Marshall (1890 apud Simmie, 2001), os distritos industriais são uma aglomeração geográfica de empresas do mesmo ramo ou de ramos similares, em que há concentração de mão de obra especializada, fornecedores e serviços, e onde inovações são continuamente produzidas. Segundo o autor, o que define essa concentração geográfica é a presença de um mercado de trabalho fortalecido, da transmissão de conhecimento e tecnologia, e de consumidores e fornecedores localizados no mesmo lugar.

Essas relações foram notoriamente desenvolvidas em determinadas regiões da Itália, formando um sistema de pequenas empresas da indústria tradicional, como as do setor de calçados, têxtil, couro, móveis e cerâmica, e provocaram sua discussão em âmbito mundial. Como modelo de desenvolvimento, os distritos industriais italianos possibilitam vantagens competitivas não usuais para empresas de pequeno e médio porte e, por isso, foram rapidamente divulgados em teorias econômicas. Eles aproximam a produção local e o ambiente institucional e resgatam o papel do poder público como indutor do desenvolvimento econômico.

Esse modelo dos distritos industriais foi sendo reproduzido inicialmente por toda a Europa, evidenciando o grande interesse dos governos e das agências internacionais. Analogamente, geógrafos norte-americanos se depararam com estruturas semelhantes em seu país. Nessas formas de organização socioeconômica, foram encontradas atividades de naturezas diferentes: existiam tanto aquelas embasadas em setores de alta tecnologia, como aquelas em setores que fazem parte da economia tradicional.

Hall (2010) também salienta que os novos distritos industriais não são apenas voltados para o setor de alta tecnologia, como o de eletrônica no Vale do Silício e de biotecnologia na Bay Area de São Francisco ou em Cambridge, mas também para os setores que o autor chamou de *high touch*, ou seja, para aqueles que se apoiam na alta qualidade manual, como a Terceira Itália. Não existe uma teoria para explicar a localização das indústrias *high touch*. Entretanto, como englobam serviços de educação e saúde, museus, galerias de arte, livrarias e mídia, essas indústrias tendem a se aglomerar nas cidades metropolitanas de grande porte, assim como nas cidades cuja base são as universidades, como Oxford, Cambridge, Berkeley e Princeton, ou nos lugares de caráter histórico único, como York, Florença e Vicenza.

Adicionalmente ao caso da Terceira Itália, surgiram também os distritos industriais de Baden-Württemberg, sistema produtivo localizado no oeste da Alemanha, formado por pequenas e médias empresas do setor de maquinário têxtil e componentes automobilísticos que convivem com grandes empresas de eletrônicos, além dos Keiretsu, no Japão.

Amato Neto (2010) aponta estudos de casos que se desenvolveram na América Latina e que tomaram como base esse modelo econômico baseado nas redes de cooperação. No Chile, destaca as redes de apoio público e privado às pequenas e médias empresas. Na Argentina, aponta o desenvolvimento empresarial das pequenas e médias empresas e as redes de apoio à inovação. Na experiência mexicana, se destacam as redes de apoio à competitividade das pequenas e médias empresas com atuação do Estado.

Especialmente na América Latina, desde o início da década de 1990, essas redes, baseadas nos modelos europeus de distritos industriais, apareceram como alternativa aos governos locais para driblar as consequências negativas dos efeitos da globalização econômica, como o enfraquecimento dos Estados nacionais e a queda do emprego.

Meyer (2000) alerta para a diferença entre a definição de distrito industrial europeu e distrito industrial brasileiro. No caso do Brasil, um distrito é definido por "um conjunto de lotes com empresas de vários setores", sem comprometimento nas suas relações de cooperação, apoio ou inovação.

Em sua concepção original europeia, Becattini (1990 apud Simmie, 2001) define o distrito industrial como um organismo socioterritorial formado historicamente pela concentração de empresas inserida em uma comunidade estabelecida. O autor acrescenta a necessidade de os distritos venderem seus produtos a comunidades externas para fortalecer uma rede permanente de contatos com outros mercados.

Segundo Igliori (2001), grande importância deve ser atribuída à presença de uma comunidade dotada de valores relativamente iguais, que garantam uma condição social e cultural de forte identidade ao ambiente em que as empresas estão inseridas. Becattini (1990 apud Simmie, 2001) já alertava para o fato de que um sistema de valores é essencial na reprodução dos distritos industriais. A presença de instituições é necessária para a transmissão desses valores de geração para geração, garantindo vida longa à organização territorial e suas relações socioeconômicas.

Entretanto, não é correto afirmar que um distrito industrial é fruto apenas das relações culturais e históricas que são cultivadas em determinada comunidade. É necessária também a geração de vantagens econômicas, como oportunidades para fornecedores diversos que se concentram na região, proporcionando ganhos de competitividade para o local.

Entender as características e o comportamento dos distritos industriais é fundamental para entender as estruturas dos chamados *clusters*, organismos econômicos desenvolvidos com base nas teorias dos distritos industriais. A principal relação que se manifesta em ambas as organizações é a simultaneidade existente entre competitividade e cooperação dentro de um mesmo sistema econômico geograficamente concentrado.

A seguir, veremos o que são os chamados *clusters* urbanos, suas principais características e definições, as possibilidades de criação e desenvolvimento e os principais casos existentes no mundo e no Brasil.

Os clusters: definições e principais características

Na literatura especializada, encontram-se diversas definições sobre o conceito econômico de aglomerações industriais como os *clusters*. É comum, portanto, a dificuldade de se ter um conceito único sobre o tema.

Altenburg e Meyer-Stamer (1999) explicam essa dificuldade de definição de um conceito comum a todos os pesquisadores pela presença, nos *clusters*, de elementos qualitativos, como confiança, meio social e ambiente criativo, que são variáveis difíceis de medir e que possibilitam diversas interpretações.

Suzigan e colaboradores (2004) apresentam pelo menos cinco abordagens relevantes para analisar as aglomerações industriais. A primeira delas é a abordagem da chamada Nova Geografia Econômica, liderada por Krugman (1991) e que aponta o local da produção como uma das preocupações centrais da economia.

A aglomeração geográfica de indústrias é também um dos temas centrais de Porter (1998), destaque da Economia de Empresas, que trata basicamente dessas aglomerações industriais como resultado natural das forças de mercado.

As outras três abordagens enfatizam o apoio do setor público, por meio de políticas e programas, e a cooperação entre as empresas. A abordagem da Economia Regional é defendida por Scott (2000). Na abordagem da Economia da Inovação, há a contribuição de diversos autores, entre os quais se destaca, pelo foco em políticas, Audrestch (2007). Por último, tem-se a abordagem que trata especificamente do comportamento das pequenas empresas e/ou distritos industriais, com destaque para as contribuições de Schmitz (2004).

Desde a década de 1980, os *clusters* vêm despontando no cenário econômico mundial como uma das melhores estratégias para o desenvolvimento econômico de determinadas regiões. Seu sucesso em certos países, numa época em que o capitalismo estava passando por fortes problemas estruturais, aflorou nos especialistas o interesse em estudar como estes sistemas se desenvolviam economicamente enquanto o resto das regiões estava em crise. Uma das formas de estudá-los foi resgatar as teorias econômicas da concentração de empresas e dos distritos industriais de Alfred Marshall (1890 apud Simmie, 2001).

Krugman (1991), no entanto, atualiza a teoria marshalliana dos distritos industriais e explica a concentração de indústrias/empresas como uma dinâmica economicamente eficiente e vantajosa. Os Estados Unidos e a Europa, por exemplo, apesar de possuírem economias de tamanho e desenvolvimento similares, apresentam dinâmicas de concentração industrial distintas. Enquanto os Estados Unidos possuem uma estrutura monocêntrica, ou seja, uma única região produtora dominante, a Europa possui vários centros nacionais distintos de produção com importância similar.

Atualmente, um dos principais nomes quando se discute a promoção dessas estruturas econômicas é Michael Porter, cuja contribuição tem sido mapear os casos de *clusters* em diversos países e criar estratégias de desenvolvimento dessas estruturas para aquelas regiões que têm dificuldades econômicas, mas que vislumbram potencialidades locais.

Segundo Porter (1998), um *cluster* é a concentração geográfica de empresas e instituições interconectadas em torno de um determinado setor. São estruturas econômicas ativas compostas por fornecedores de componentes, maquinário e serviços e dispõem de ampla infraestrutura especializada. Eles também possuem estritas relações com consumidores e fornecedores relacionados à sua cadeia produtiva. Muitos *clusters* têm a presença de instituições, como universidades, associações e centros de treinamento, que promovem educação, informação, pesquisa, treinamento especializado e suporte técnico, além de receberem o apoio de forças governamentais, que fomentam seu desenvolvimento na forma de incentivos e programas diversos.

No enfoque de Porter (1998), os *clusters* representam um novo tipo de organização espacial, formada em meio a um processo de globalização, que dá destaque à formação de mercados de longa distância e hierarquias empresariais. A proximidade das empresas e instituições em uma mesma localidade e as constantes trocas de informações entre elas alimentam as relações de confiança e melhoram as condições de coordenação dentro de uma estrutura econômica. Dessa forma, os problemas inerentes da distância nos relacionamentos empresariais são aliviados sem impor as inflexibilidades das ligações formais entre os agentes.

Porter ressalta as vantagens competitivas dos *clusters*. O que acontece dentro das empresas é importante, entretanto os *clusters* mostram que o ambiente empresarial fora delas também desempenha um papel vital para o seu desenvolvimento e melhores formas de competição no mercado.

Scott (2000) também acredita que a geografia econômica e o desempenho industrial trabalham juntos. Para ele, a concentração de empresas pode ser explicada pelas vantagens econômicas advindas da proximidade geográfica, como o baixo custo das transações.

A abordagem teórica de Audretsch (2007) associa particularmente a proximidade local com a facilidade para o fluxo de conhecimento e informação. Para ele, principalmente as empresas que trabalham com a questão da inovação possuem uma forte tendência a localizar-se próximas umas às outras.

Schmitz (2004) define genericamente um *cluster* como uma concentração geográfica e setorial de empresas. O autor atribui o enorme interesse atual pelos *clusters* aos diversos casos de sucesso que têm proliferado, tanto em países desenvolvidos quanto em países em desenvolvimento. Ele admite que, no caso dos países em desenvolvimento, ainda não existem estudos de casos numerosos que possibilitem sua análise criteriosa. Schmitz (2004) assumiu em suas pesquisas o interesse pelos estudos de experiências nesses países, pois visualiza a necessidade desta análise para a formulação de políticas que possam inserir as empresas dos países em desenvolvimento no mercado internacional.

No Brasil, Igliori (2001) alerta para o cuidado que se deve tomar com o uso de terminologias, pois fenômenos de aglomeração geográfica não são necessariamente *clusters*. As relações que se estabelecem entre os agentes dos *clusters* podem ser extremamente complexas e ultrapassam o simples caráter de proximidade geográfica presente nas aglomerações que normalmente encontramos nos países em desenvolvimento.

Da mesma forma, Saxenian (1994) argumenta que apenas a concentração espacial de empresas não é capaz de criar estruturas economicamente dinâmicas e complexas, que atribuem benefícios mútuos em função da criação de relações de interdependência entre as empresas.

Esta interdependência, contudo, deve ser mais abrangente do que simplesmente entre as empresas, devendo se manifestar também em suas relações com institutos científicos apoiados pelo governo, com associações profissionais e com a comunidade científica. Dessa forma, criam-se nos *clusters* relações que normalmente não existem entre empresas dispersas do ponto de vista geográfico: relações de cooperação. Ao mesmo tempo, não falta competitividade para que cada uma possa despontar à frente em um mercado cada vez mais global.

Este novo elemento entre as empresas, a relação de cooperação, é colocado também como peça central da dinâmica de inovação, que, potencializada, pode dar origem a sistemas econômicos geograficamente concentrados, como os *clusters*. O desempenho de um *cluster*, portanto, se fundamenta no jogo entre competição e cooperação.

Retomando os conceitos apresentados, avalia-se que, apesar de tamanha diversidade de abordagens, há um consenso sobre as principais características que fundamentam os *clusters*. Resgata-se a ideia de um conjunto de empresas espacialmente concentradas. Como finalidade pretende-se propiciar alianças estratégicas e neutralizar limitações referentes às consequências negativas do novo paradigma econômico. Aglomeram-se empresas voltadas para o mesmo setor, mas com a característica particular de se especializarem em diferentes etapas do processo produtivo.

Soma-se a isso a característica fundamental que atribui aos *clusters* poder econômico e peculiaridade social: a troca constante de sinergias, que é capaz de gerar tanto a prática de cooperação, advinda da proximidade e intensidade das relações entre as empresas, quanto a rivalidade e competição. O apoio institucional, na forma de universidades e centros de pesquisa e treinamento, é o elemento central que atribui sustentabilidade ao processo e que gera a qualidade de ambiente inovador tão necessária à flexibilização empresarial.

A origem dos clusters

A consideração de que os *clusters* são uma das mais eficientes opções para o desenvolvimento econômico local tem suscitado a análise de suas estruturas, na tentativa de descobrir como eles se originam. Perguntas frequentes são formuladas: como os *clusters* surgem? Eles são organizações espontâneas ou podem ser criados? Que tipo de política pode ser elaborada para reproduzi-los?

O que se observa é que os *clusters* não são resultados automáticos, devendo-se analisar em que circunstâncias eles aumentam a competitividade e desenvolvem o crescimento da região na qual estão inseridos.

Segundo Porter (1998), atualmente um bom número de estudos vem documentando experiências sobre *clusters*, suas características e sua evolução ao longo dos anos. Só recentemente, no entanto, é que vêm aparecendo esforços para analisá-los estatisticamente. E um bom número de *clusters* vem surgindo ao redor do mundo, assim como centenas de iniciativas.

A multiplicação de experiências mostra que, apesar de os *clusters* possibilitarem a superação do problema do desemprego alavancando o desenvolvimento econômico, este não é um processo que traga resultados em curto prazo. Um dos motivos é que a chave para a consolidação desse tipo de estrutura é o desenvolvimento das relações de cooperação entre as empresas, fator que pode gerar uma série de obstáculos no seu processo de formação.

No caso específico dos distritos industriais, sabe-se que dificilmente suas estruturas poderiam ser criadas por meio de políticas públicas. A diretriz comumente adotada nos países desenvolvidos é a utilização de instrumentos de fomento à atuação conjunta das empresas. Essas políticas ou diretrizes de fomento podem ser realizadas via financiamento ou via estímulo à constituição de instituições de apoio às empresas da região. Entretanto, Suzigan (2004) chama a atenção para a impossibilidade de se criar, por meio de políticas públicas, os fortes vínculos culturais e sociais que existem entre os habitantes da comunidade local dos distritos.

Saxenian (1994), entretanto, ressalta a importância de uma política regional, aliada às questões macroeconômicas e às políticas setoriais. As políticas regionais devem criar instituições que promovam um processo descentralizado de organização industrial sem sacrificar a autonomia e a flexibilidade próprias de cada empresa. Segundo a autora, essas instituições devem ser organizações locais com capacidade para coordenar as relações entre os agentes públicos e privados.

No caso de sistemas produtivos locais, as políticas regionais são mais eficientes do que as nacionais ou setoriais. Segundo Saxenian (1994), o primeiro passo a ser dado é a criação de uma comunidade local de interesse, com fortes relações territoriais que demandem ações coletivas, atraindo instituições provedoras de capital, pesquisa, educação, treinamento, assistência às empresas e informação sobre o mercado. A necessidade de cada tipo de instituição varia de acordo com a natureza de cada economia regional.

Se o surgimento dos *clusters* não ocorre geralmente por meio de políticas públicas, essas, por outro lado, têm-se mostrado de grande importância para alavancar a competitividade e a cooperação entre as empresas. Uma vez consolidado o *cluster*, tais políticas de incentivos e planejamento podem aperfeiçoar as condições preexistentes de determinadas regiões para induzir seu desenvolvimento.

O passo inicial das estratégias de promoção de *clusters* deve ser a identificação de aglomerações com potencial já existente. Essas, sim, devem ser objeto de políticas. A análise do território e a elaboração de um estudo de vocação das regiões assumem grande importância, com a finalidade de identificar as potencialidades locais.

No caso tanto dos países desenvolvidos como no dos países em desenvolvimento, podem-se considerar promissores os caminhos de atuação conjunta entre poder público e iniciativa privada, principalmente no que diz respeito à promoção do desenvolvimento industrial local e à política de incentivo à qualificação das pequenas e médias empresas, tendo em vista a constituição e o incentivo ao desenvolvimento de aglomerados como os *clusters*.

Os clusters de alta tecnologia

A transformação no modo de produção, característica dessa fase de mudanças na economia capitalista, revela a dependência das unidades de produção em relação aos fluxos informacionais e às inovações, diretamente relacionados à alta tecnologia. Portanto, as unidades geográficas de produção estreitamente vinculadas às tecnologias e às inovações constantes passam a desempenhar papel fundamental no desenvolvimento de determinadas regiões e no crescimento de sua economia local. Os *clusters* de alta tecnologia assumem, então, evidência dentro do cenário econômico atual. Como motores desse novo ciclo de desenvolvimento econômico e como possíveis nós organizadores de um novo espaço industrial, essas regiões aparecem como fruto da complexidade e dinâmica dos ambientes inovadores.

O que caracteriza de forma marcante esses chamados *clusters* de alta tecnologia, ou sistemas locais de inovação marcados pelas novas dinâmicas tecnológicas e informacionais, são as inovações que ali são continuamente produzidas. O intenso fluxo de inovações é efeito direto de um dos principais atributos dos *clusters*, que é a relação de cooperação e competição entre as empresas e agentes presentes.

Em todo este contexto da economia mundial, amplamente caracterizado pelo esforço por inovar e desenvolver, políticos, intelectuais e empresários iniciam uma busca por diferentes formas de criar e promover regiões. Os *clusters* de alta tecnologia passaram a se configurar como uma nova estratégia territorial de desenvolvimento e inovação.

Castells e Hall (1994) empregaram genericamente o termo "tecnópolis", originário do francês *technopole*, para nomear os *clusters* de alta tecnologia. Entretanto, é conhecida a extensa lista de rótulos utilizados para designá-los, como cidades da ciência, polos tecnológicos, tecnopolos e parques tecnológicos, termo mais utilizado no Brasil.

Em uma reinterpretação da definição já antiga de polos de desenvolvimento, conceituados por Benko (2002), os parques tecnológicos consolidam um ponto singular no território como espaços precisos que concentram e distribuem ações econômicas ligadas à alta tecnologia. Geralmente eles são resultado de iniciativas planejadas, e um grande número de casos é resultado das relações entre o poder público e o setor privado. Normalmente, os parques tecnológicos são promovidos por governos nacionais, regionais ou locais em associação com universidades e empresas privadas.

O seu poder de inovação e sua capacidade de desenvolvimento local fizeram que os parques tecnológicos se tornassem zonas de urbanização indutoras de estratégias de promoção econômica. Sendo assim, não poderiam deixar de aparecer algumas receitas mágicas como promessas de sucesso, tais como a presença de universidade, instituições e centros de pesquisa, incentivos fiscais e apoio às pequenas empresas por parte dos governos.

A teoria dos ambientes inovadores parte do desenvolvimento dos conceitos dos distritos industriais e tem como principais expoentes teóricos Aydalot e Maillat, que focam suas análises na fase de incubação das inovações (Simmie, 2001). De acordo com Simmie (2001), os ambientes inovadores são regiões onde processos dinâmicos e coletivos acontecem, incorporando diversos atores e intensificando as redes de inter-relacionamento produtoras de sinergia.

Castells e Hall (1994) atribuem aos ambientes de inovação o papel decisivo no desenvolvimento do que eles conceituaram como Revolução da Tecnologia da Informação e Comunicação. Isto porque esses ambientes geram a concentração de conhecimentos científico-tecnológicos, de instituições, de empresas e de mão de obra qualificada, que é a essência da chamada Era da Informação. Esses autores constroem suas análises sobre os ambientes industriais inovadores com base na constatação empírica dos diversos tipos de tecnópolis existentes no mundo atual. Eles constatam a presença de seis tipos distintos, que vamos apresentar a seguir.

O primeiro tipo de ambiente inovador se caracteriza pela construção de um complexo industrial sobre uma base territorial inovadora. À medida que esta formação relaciona a pesquisa e o desenvolvimento (P&D) com a produção, ela pode se tornar um centro de referência no mundo econômico. São exemplos notórios desta tipologia a experiência do Vale do Silício, na Califórnia, considerado um mito industrial, e a Route 128, em Boston, que possui a capacidade de continuamente renovar seu complexo industrial.

Nesses dois casos não houve uma real política de planejamento visando à criação desses complexos, apesar do papel crucial desempenhado pelo poder público e pelas universidades. Assim, o Vale do Silício e a Route 128 constituem o que é chamado de tecnopolos de crescimento espontâneo. As demais tipologias de ambientes inovadores apresentadas por Castells e Hall (1994) são estruturas economicamente planejadas e, por isso, se diferenciam bastante da primeira.

O segundo tipo de ambiente inovador é a cidade da ciência. A cidade da ciência se caracteriza principalmente pela ausência da relação entre território e produção industrial. O objetivo principal desta tipologia é criar excelência científica com base na concentração de recursos humanos e materiais. Castells e Hall (1994) apontam quatro experiências: a cidade siberiana de Akademgorodok; Tsukuba e Kansa, no Japão; e a cidade de Taedok, na Coreia do Sul.

Espaços privados, com certa distância dos conflitos cotidianos, as cidades da ciência são projetadas com a intenção de incentivar a interação de redes intelectuais que possam apoiar a criação e a consolidação de ambientes científicos. Geralmente, estas tipologias de tecnopolos são resultado de projetos que tendem a estar associados às vontades individuais dos governantes. Sua elaboração consiste na convocação de empresas e instituições que se vinculem aos centros de pesquisa públicos e às universidades, na formação de entidades público-privadas de cooperação. A intenção principal é gerar sinergia capaz de originar uma cultura acadêmica de alto nível associada aos tão sonhados dinamismo econômico e poder político.

O terceiro tipo de meio inovador apresentado por Castells e Hall (1994) é o parque tecnológico, cujo maior objetivo é induzir um crescimento industrial com a atração de novas empresas de alta tecnologia para um espaço urbano privilegiado. Nestes casos, o sistema inovador é estabelecido como resultado de iniciativas governamentais e de suas relações com universidades. São experiências significantes:

Hsinchu, em Taiwan, que apresenta alto grau de planejamento governamental; Sophia Antipolis, na França, com certo grau de planejamento estatal; e o parque tecnológico de Cambridge, na Inglaterra, que surgiu como resultado de uma iniciativa universitária.

Muito mais parecido com os distritos industriais do que com os meios inovadores por excelência, o parque tecnológico tem como principal preocupação na sua elaboração a geração de uma estrutura econômica capaz de atrair continuamente novos investimentos empresariais. Eles são diferentes das cidades da ciência pelo constante objetivo de alcançar competitividade industrial, e não qualidade científica.

Quem assume papel decisivo no desenho e desenvolvimento dos parques tecnológicos é o governo, seja ele em escala nacional, regional ou local. Como o maior objetivo é atrair o investimento empresarial, os governos utilizam diversos instrumentos para conquistar a preferência das melhores empresas do mercado para aquele setor. Incentivos fiscais, oferecimento de instalações e infraestruturas produtivas são os instrumentais mais comuns.

Nessa disputa em oferecer as melhores vantagens locais às empresas, os governos se preocupam com a melhoria das redes de telecomunicações e de transportes, ajudam na criação de instituições voltadas ao ensino e treinamento, além de se preocuparem em divulgar a melhor imagem possível de sua região. Segundo Castells e Hall (1994), para se medir o êxito dos parques tecnológicos deve-se levar em conta a criação de empregos, tanto em quantidade como em qualidade, e o volume de investimentos que foram gerados no desenvolvimento desses ambientes.

O quarto caso analisado pelos autores é o programa de tecnópolis que é elaborado como instrumento de desenvolvimento regional e descentralização industrial. O programa de tecnópolis do Japão, por exemplo, é o único programa desse tipo de grande magnitude no mundo.

As grandes zonas metropolitanas do mundo são colocadas por Castells e Hall (1994) como a quinta tipologia de ambiente inovador. Elas são territórios onde a maior parte da produção de alta tecnologia e inovação está concentrada. Para eles, existe uma grande distinção entre as antigas metrópoles de liderança tecnológica, como Tóquio, Paris e Londres, as antigas metrópoles que perderam liderança, como Nova York e Berlim, e as novas, como Los Angeles e Munique.

Algumas iniciativas de criação de ambientes inovadores, como é o caso da Polis Multifuncional de Adelaida e do projeto Cartuja 93 de Sevilha, são o sexto e último tipo de ambiente inovador analisado pelos autores. A análise de Castells e Hall (1994) sobre os ambientes inovadores se baseia na função desses ambientes e em sua relação com as formas de produção de inovações e desenvolvimento econômico. Como urbanistas podemos fazer outro tipo de análise, relacionada à forma de inserção desses ambientes no território.

Quando se analisa a concepção espacial e a inserção no território dos *clusters* de alta tecnologia, são observados três padrões, ou modelos urbanísticos, distintos. Experiências empíricas mostram a existência de parques tecnológicos fechados, de parques tecnológicos urbanos fechados e de parque tecnológico urbano aberto.

A primeira tipologia, a dos parques tecnológicos fechados, se refere ao modelo de concentração de empresas de alta tecnologia, a maioria uma mescla de pequenas e médias empresas localizadas fora das áreas urbanas, mas dentro de perímetros delimitados, cujo acesso só é possível mediante autorização das empresas ali instaladas ou da administração do parque. Ou seja, funcionam também como uma espécie de condomínios industriais, como são conhecidos no Brasil, porém voltados ao fomento de altas tecnologias e inovações.

O segundo modelo, o dos parques tecnológicos urbanos fechados, segue as mesmas características do modelo baseado em uma área física territorial determinada. Entretanto, eles estão localizados dentro das cidades, na faixa de perímetro urbano.

Essas duas tipologias representam a forma mais comum de implantação de um parque tecnológico. Sua característica urbanística é essencialmente segregadora em relação ao ambiente das cidades, o que é intensificado pela presença de diversos estabelecimentos de diferentes usos dentro do parque, como restaurantes, bancos, creches e até residências em alguns casos, que incentivam a concentração das pessoas dentro do perímetro do parque tecnológico a maior parte do tempo.

O terceiro modelo tem concepção espacial bem distinta dos primeiros. Chamado de parque tecnológico urbano aberto ele possui uma concentração de empresas de pequeno e médio porte do mesmo setor tecnológico, dispersas pela malha urbana, sem perímetro delimitado. Neste caso, a concepção espacial favorece a inserção do parque no meio urbano e o equilíbrio entre as atividades ali conduzidas e o entorno. Um agente articulador, normalmente uma associação, se instala em um edifício localizado na região, concentrando atividades de administração e gestão e oferecendo a infraestrutura capaz de proporcionar o encontro, a sinergia e a pesquisa entre as pequenas e médias empresas. Assim, as empresas recebem a infraestrutura necessária à inovação se adequando às características preexistentes do território, que dinamiza sua vocação e tem seu potencial econômico, urbano e social desenvolvido.

Com base nessas diferentes tipologias, são apresentados a seguir um panorama internacional das experiências de *clusters* e um panorama dos *clusters* no Brasil.

Os clusters internacionais

Os casos mais consagrados de *clusters* estão presentes nos países desenvolvidos, como Estados Unidos, Canadá, Japão e alguns países da Europa. Casos paradigmáticos são a Terceira Itália, o Vale do Silício, nos Estados Unidos, Baden-Württemberg, na Alemanha, e os keiretsu, no Japão. Uma série de iniciativas está sendo realizada ao redor do mundo para promover regiões com base em suas potencialidades e vocações. É o caso de muitos países europeus, como Bélgica (multimídia e plástico), Dinamarca (comunicação e roupas) e Áustria (móveis).

Tais iniciativas de desenvolvimento desses arranjos podem ser vistas atualmente não só em países desenvolvidos, mas também em países em desenvolvimento, como alguns da América Latina, com destaque para a importante experiência mexicana de Chihuahua Siglo XXI, e outros no continente africano. A maioria dos casos, entretanto, são *clusters* voltados para o setor de alta tecnologia, principalmente aqueles considerados de sucesso. As primeiras experiências de *clusters* de alta tecnologia surgiram entre as décadas de 1960 e 1970 nos Estados Unidos e na Inglaterra. São considerados exemplos de casos notáveis os já mencionados Vale do Silício, Route 128, Sophia Antipolis e Cambridge Area.

O Vale do Silício, na Califórnia, revela a experiência de um núcleo de empresas de alta tecnologia desenvolvido praticamente sem planejamento. Veiga (2005) alerta para o fato de que não serem planejados não significa que surgiram ao acaso, apontando para a presença de um verdadeiro ecossistema social preparado para a geração de inovações e atração de empresas de alta tecnologia. Caso pioneiro e extremamente notório, muitas foram as tentativas de imitação ao redor do mundo. Paradigmático, merece a análise de sua estrutura e de seu desenvolvimento, principalmente no que remete à formação de seu elemento diferenciador: a sinergia criativa.

A Route 128, em Boston, também tem grande concentração de empresas de alta tecnologia voltadas para o setor de eletroeletrônicos. É um sistema industrial baseado em empresas independentes, relativamente integradas. Difere do Vale do Silício, principalmente, pela falta de flexibilização. Contudo, já atravessou processos de reindustrialização, além de contar com um governo fortemente comprometido com educação e pesquisa.

Outra experiência de grande notoriedade mundial ao se falar em parques tecnológicos é o caso de Sophia Antipolis, na França. A grande importância dada à sua estrutura é justificada pelo seu impacto regional e urbano. A ampla participação e intervenção do governo, incluindo a grande soma de investimento público, é uma das características fundamentais ao seu desenvolvimento.

Formada essencialmente por pequenas e médias empresas, Cambridge é resultado da vontade de uma universidade de primeira linha, a Cambridge University, construída ao redor de seu parque da ciência. Característica importante é a participação ativa da universidade no processo, diferenciando-se da espontaneidade californiana e do intervencionismo do poder público francês.

Após os casos pioneiros de sucesso, principalmente o Vale do Silício, o movimento de incentivo à implantação de *clusters*, parques tecnológicos e ambientes inovadores proliferou ao redor do mundo.

No Canadá, desenvolveram-se parques tecnológicos metropolitanos; no Japão, o governo incitou um amplo projeto que engloba a criação de 20 cidades-científicas modelo; na Europa, o sucesso de Sophia Antipolis é exemplo para experiências na Itália, em Portugal e na Espanha, além de motivar a ampliação de outras experiências no próprio país; na Holanda, Eindhoven é uma região de potencial tecnológico desenvolvida para a implantação do projeto Flight Forum, parque planejado pelo renomado escritório de arquitetura MVRDV; em Israel, por meio de esforços locais, houve a criação de incubadoras e de parques tecnológicos; na Índia, em Bangalore, implantaram-se institutos e centros de pesquisa, universidades e parques com o intuito de criar o Vale do Silício indiano.

As experiências empíricas realizadas até hoje parecem ter sido abordadas criticamente como resultado de preferências por regiões bem desenvolvidas, com altos índices de crescimento e inovação e rede estrutural densa. Sobre este viés, um grupo de pesquisadores europeu, Euricur (European Institute for Comparative Urban Research), aponta a escassez de estudos de casos em áreas metropolitanas. Por essa razão, o grupo de pesquisadores procurou estudar os *clusters* em regiões urbanas, considerando que estão espacial, econômica, cultural e politicamente enraizados em suas estruturas urbanas locais. Os casos de *clusters* em crescimento em algumas cidades europeias selecionados (em 2003) foram: *Cluster* Turístico (Amsterdã, na Holanda); *Cluster* em Mecatrônica (Eindhoven, na Holanda); *Cluster* em Telecomunicações (Helsinque, na Finlândia); *Media Cluster* (Leipzig, na Alemanha); *Health Cluster* (Lyon, na França); *Cluster* Cultural (Manchester, na Inglaterra); *Media Cluster* (Munique, na Alemanha); *Cluster* em Audiovisual (Rotterdam, na Holanda) e *Health Cluster* (Viena, na Áustria).

Lyon e Viena são considerados *clusters* maduros dentro de seu setor industrial (saúde). Em relação aos *media clusters*, foram analisados tanto um de pequeno porte, o de Roterdã, quanto um em fase intermediária de desenvolvimento, o de Leipzig, e o caso de Munique, considerado já um *cluster* bastante maduro. Amsterdã apresenta um grande *cluster* de turismo, enquanto Manchester desenvolveu um aglomerado bastante especializado (cultura), e Helsinque e Eindhoven, dois *clusters* de alta maturidade tecnológica.

Depois de entender um pouco mais sobre as diferentes experiências de *clusters* existentes ao redor do mundo, pergunto: qual é a situação no Brasil? Será que encontramos no território brasileiro experiências semelhantes às desenvolvidas nos Estados Unidos, no Japão e na Europa? As experiências aqui possuem níveis semelhantes de complexidade e interação, ou apenas são concentrações de empresas em um mesmo espaço geográfico? Isso será discutido a seguir.

MVRDV.
FLIGHT FORUM OFFICES CLUSTER.
EINDHOVEN.
1997-2005

O Flight Forum está situado perto do aeroporto de Eindhoven, ocupando partes abandonadas de uma base da força aérea. Os 60 hectares foram destinados a negócios e desenvolvimento de escritórios. Os parques industriais na Holanda geralmente são caracterizados por terrenos cercados, cuja quantidade de terra ocupada por construções é relativamente baixa.

Ao erguer edifícios colados parede a parede, eliminando 3 de 4 fachadas, os *clusters* emergem rodeados por vários espaços contínuos utilizados tanto para carga quanto estacionamento. A imagem, geralmente associada a estacionamento de frontais, garante um *layout* de alta qualidade. Os *clusters* de edifícios permitem uma maior continuidade da paisagem.

Este princípio da elasticidade pode ser considerado um instrumento de planejamento flexível.

O espaguete de asfalto e as formas dos *clusters* de empresas deixam em aberto uma série de ilhas. Ao criar uma paisagem através de cada ilha de forma distinta, um mosaico é criado. O mosaico da paisagem permite conexões ecológicas neste ambiente sensível. Este caleidoscópio das diferenças é amarrado pela continuidade e uniformidade do asfalto. À noite, os *clusters* são iluminados por luz de iluminação, dando à área um apelo de 24 horas.

CAPÍTULO 6 | ECONOMIA CRIATIVA, INOVAÇÃO E CLUSTERS URBANOS | 121

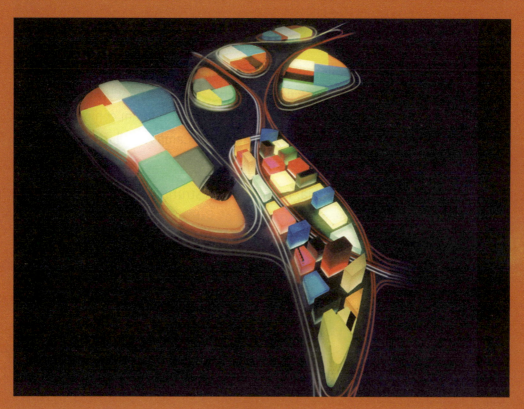

Os clusters no Brasil

Segundo Porter (1998), há *clusters* no Brasil, como os relacionados à indústria de calçados, em Franca (SP) e no Vale dos Sinos (RS), e alguns no setor do agronegócio. Por outro lado, existem outros casos que não se configuram como *clusters*, na definição do autor, como a região de São José dos Campos (SP), fruto apenas do desenvolvimento de uma única empresa, a Embraer.

Porter (1998) defende a ausência, no Brasil, de estruturas realmente complexas semelhantes às encontradas na Europa ou nos Estados Unidos. Na sua interpretação, os *clusters* no Brasil não funcionam como *clusters*. Não existem muitas organizações voltadas a eles e muito menos instrumentos de colaboração e cooperação. Apesar da presença de áreas com potencial competitivo e bom nível de criatividade, concomitantemente existem pontos fracos de grande relevância para o sucesso dessas organizações. Segundo Porter (1998), esses pontos fracos são as significativas barreiras comerciais, que geram baixa produtividade, ineficiência dos recursos humanos, ausência de universidades, estruturas administrativas capengas, fraqueza da estrutura física, incentivos limitados, alto número de impostos e mercados de trabalho insuficientes.

Apesar da crítica formulada pelo economista norte-americano, é clara a existência de determinadas regiões brasileiras que se apresentam como *clusters* industriais. Entretanto, na maioria dos casos, há muito mais um desejo do que uma realidade. É preciso um cuidado com a classificação desses aglomerados, tendo em vista a complexidade de organização necessária para a formação de um *cluster*.

No Brasil, grupos de pesquisadores renomados têm tido como objetivo identificar a presença de possíveis *clusters* em nosso território. Estudos em âmbito nacional vêm sendo desenvolvidos com o apoio do Serviço Brasileiro de Apoio às Micro e Pequenas Empresas (Sebrae), do Instituto de Pesquisas Econômicas Aplicadas (Ipea), da Financiadora de Estudos e Projetos (Finep), do Conselho Nacional de Desenvolvimento Científico e Tecnológico (CNPq) e da Associação Nacional de Entidades Promotoras de Empreendimentos Inovadores (Anprotec).

No caso do Estado de São Paulo, a equipe da Universidade Estadual de Campinas (Unicamp), liderada pelo economista Wilson Suzigan, aparece como uma das principais referências no estudo do tema. Nos últimos anos de pesquisa, já foram identificadas e analisadas pela equipe de Campinas uma série de aglomerações, como as de Limeira, Birigui, Franca, Votuporanga, Catanduva e São José dos Campos.

Cassiolato e Lastres lideram outra comentada equipe que realiza o trabalho de identificação de sistemas de inovação no Brasil. Pertencem ao Instituto de Economia da Universidade Federal do Rio de Janeiro (UFRJ) e coordenam o projeto Rede de Pesquisa em Sistemas Produtivos e Inovativos Locais (RedSist). Dentre os diversos arranjos produtivos locais que foram objeto de estudo empírico do projeto desde 1999, pode-se destacar: rocha (R), cacau (BA), metais (ES), automóveis (MG), calçados (PB e RS), tecidos (SC), frutas (RN), soja (PR) e base tecnológica (SP).

Outro expoente de pesquisas aparece em Minas Gerais, na Universidade Federal de Minas Gerais (UFMG). O Centro de Desenvolvimento e Planejamento Regional (Cedeplar) foi criado em 1967 e se direcionou à pesquisa sobre Economia Regional e Urbana em 1975. Com o objetivo de estudar os impactos regionais das mudanças tecnológicas e, assim, a dinâmica de formação dos novos distritos industriais, foram estabelecidas relações e convênios com instituições internacionais.

A principal fonte de dados adotada pela maioria dos pesquisadores brasileiros é o Ministério do Trabalho e Emprego (MTE), com base no banco de dados da Relação Anual de Informações Sociais (RAIS) e dados do IBGE. Portanto, eles se baseiam no número de estabelecimentos, no número de empregos e, quando muito, no valor adicionado industrial (VA) para determinar algum tipo de aglomeração. Este tipo de diagnóstico fornece um excelente panorama sobre a concentração industrial em cada região estudada. Entretanto, a definição de *cluster*, do ponto de vista econômico, engloba estruturas muito mais complexas do que apenas uma concentração setorial em determinada localidade. Como já foi mencionado por Porter (1998), existem ainda muitas dificuldades estatísticas para se dimensionar o nível de complexidade e de interação dessas empresas.

Igliori (2001) aponta algumas das principais evidências de *clusters* como estudos de casos específicos para o Brasil, que são particularmente comuns na maioria das pesquisas de identificação realizadas por economistas brasileiros e estrangeiros. São eles: calçados, no Vale dos Sinos (RS) e em Franca (SP); cerâmica de revestimentos, no sul catarinense (SC); móveis de madeira, em São João de Aruaru (CE); e telecomunicações e informática, em Campinas (SP).

Em relação aos *clusters* de alta tecnologia, o movimento de parques tecnológicos no Brasil iniciou apenas nas décadas de 1980 e 1990, com algumas experiências pioneiras, como a Fundação Parque Tecnológico da Paraíba, em Campina Grande (PaqTec-PB), a Companhia de Desenvolvimento do Polo de Alta Tecnologia de Campinas (Ciatec), o Parque de Software de Curitiba (CIC); o Parque Alfa – Conselho das Entidades Promotoras do Polo Tecnológico da Grande Florianópolis (Contec), o Parque de Desenvolvimento Tecnológico da Universidade Federal do Ceará (Padetec) e a Fundação de Alta Tecnologia de São Carlos (ParqTec – SCAR).

Além da visão de implantação de parques, algumas cidades também seguiram um modelo de desenvolvimento baseado na constituição de tecnópolis. São exemplos desta experiência: Porto Alegre (RS), Caxias do Sul (RS), Uberaba (MG), Londrina (PR), Petrópolis (RJ) e Curitiba (PR).

A experiência de Curitiba é um bom exemplo. Apesar de contar com o apoio de empresas privadas, entidades da sociedade, do governo municipal e estadual, com a presença de universidades e centros de pesquisa e incubadoras, além de recursos com conteúdo e planejamento, o projeto não sai do papel.

Mesmo com todas as dificuldades, a proliferação de parques tecnológicos e incubadoras de empresas no país nos últimos anos é consideravelmente alta, devido, principalmente, à crença na possibilidade de alcançar o desenvolvimento econômico local e promover as regiões onde se localizam através da implantação destes novos sistemas produtivos. Prefeituras e universidades privadas buscam estas soluções para atrair investimentos e dar um salto de qualidade em suas imagens. Muitas vezes, entretanto, são iniciativas sem diretrizes de implantação, sem articulação com políticas mais amplas (nacionais ou regionais) e sem vínculo com planos diretores municipais.

Um panorama realizado pela Anprotec (Associação Nacional de Entidades Promotoras de Empreendimentos Inovadores) em relação ao ano de 2003 mostrou que, no Brasil, existiam 207 incubadoras em operação. Dessas, 55% são de base tecnológica, ante 45% do setor tradicional ou misto. Cerca de 70% mantém um relacionamento formal com centros de pesquisa e universidades. No que diz respeito aos parques tecnológicos, em 2003 eram 33 em fase de planejamento, implantação e operação, e, desses, 19 estavam localizados no sudeste do país. Em 2005, esse número passou para 42, o que representou um aumento de quase 30% em dois anos.

De acordo com a Anprotec, as regiões do país que mais cresceram como sede de parques tecnológicos no Brasil foram as regiões Nordeste e Sul. Entre 2002 e 2005, o Nordeste passou de três parques tecnológicos para seis e depois caiu para cinco em 2006. A região Sul foi a que mais cresceu: saltou de nove parques tecnológicos em 2002 para 17 em 2006. Com isso, a região Sul encostou-se à região Sudeste, que, como vimos acima, despontava em 2003, com 19 parques tecnológicos, mas se manteve com o mesmo número até 2006. De 2005 para 2006, o número de parques tecnológicos aumentou em 20%. Em cinco anos, o movimento cresceu mais de 300%, sendo que 70% dos negócios gerados pelas empresas são de base tecnológica.

A relação entre a produção de inovação e a dinâmica das cidades é evidenciada pelos resultados do Panorama Anprotec de 2006. De acordo com este panorama, pouco mais de 44% dos parques tecnológicos existentes no país estão concentrados em cidades com mais de 1 milhão de habitantes. Aproximadamente 35% estão em cidades com mais de 300 mil habitantes e cerca de 10% nas cidades com mais de 200 habitantes.

Além disso, salienta-se a importância da associação dos parques tecnológicos com institutos de pesquisa e universidades. A pesquisa da Anprotec de 2005 mostrou que todos os parques tecnológicos brasileiros pesquisados possuem um vínculo com universidades e grupos de pesquisa, sendo que, em 83% dos casos, este vínculo é formal. Destes vínculos formais, grande parte é formada com universidades públicas (44% dos vínculos).

No entanto, o movimento no Brasil ainda é pequeno se comparado a outras experiências mundiais. Em 2005, em 70% dos parques existiam menos de 20 empresas instaladas e em apenas 8% deles havia mais de 100 empresas. No geral, os parques tecnológicos brasileiros se concentram no setor de serviços. Em 2006, eram

54% deles, ou seja, mais da metade, enquanto 42% deles eram voltados ao setor industrial.

Refuncionalização do território

Com base na análise feita anteriormente sobre o que são os *clusters* urbanos, sobre o processo de surgimento de vazios urbanos após as transformações oriundas do sistema capitalista na década de 1970 e sobre a importância emergente das cidades no cenário econômico mundial, é possível considerar os *clusters* como alternativa importante para a "refuncionalização" do território de certas cidades, apesar da sua implantação ser a única estratégia possível para a regeneração de antigas áreas industriais degradadas.

No entendimento dos *clusters* como instrumentos de regeneração urbana, é também possível apontar alguns pontos consensuais no que diz respeito à estratégia de recuperação de áreas produtivas em transformação com base na implantação de *clusters* urbanos.

O primeiro deles é a necessidade da interação entre a gestão pública e a iniciativa privada, delimitando para cada uma um papel específico dentro de um processo estratégico de planejamento integrado. As duas principais exigências que se fazem ao poder público são a implantação de infraestrutura de qualidade e adaptada às exigências tecnológicas atuais e a criação de um órgão de articulação entre os diversos agentes. A questão da infraestrutura, que envolve também acessibilidade e mobilidade, é fundamental para possibilitar grandes investimentos da iniciativa privada ligados à alta tecnologia.

Por outro lado, cabem à iniciativa privada os grandes investimentos, como a compra de terrenos ou as reformas de reabilitação e restauração de edifícios com valor histórico, cultural ou arquitetônico, assim como o gerenciamento de toda a obra, incluindo a contratação de mão de obra e de empresas terceirizadas.

A articulação entre os diversos agentes dentro de um *cluster*, que é fundamental para seu desenvolvimento e nível de maturidade, deve ser feita por meio da criação de uma entidade, associação ou agência, normalmente de caráter privado, que recebe do poder público a responsabilidade pela gestão do projeto.

A presença de universidades e centros de pesquisa de porte, nesses casos, é fundamental. Eles atraem empresários com projetos de interação universidade-empresa que auxiliam na continuidade do processo de inovação, e trazem para a região estudantes e mão de obra especializada, que, acima de tudo, qualificam a região, relacionando-a ao chamado "capital humano criativo".

A participação da comunidade no processo de elaboração das diretrizes urbanísticas e do projeto urbano, via exposições, debates públicos e *workshops*, por exemplo, também é base fundamental para o desenvolvimento de projetos urbanos de sucesso. Apesar das reivindicações que possam aparecer, elas são naturais em processos de transformações do território e podem servir para o amadurecimento das futuras decisões.

Essas são algumas considerações que podem ser feitas a respeito da implantação de *clusters* como instrumentos de projeto urbano. Vale ressaltar, portanto, que os *clusters* são um formato de arranjo produtivo local com imenso potencial como estratégia na reestruturação de antigas áreas industriais degradadas, ou seja, são um instrumento importante a ser utilizado nos processos de regeneração urbana e na implementação de projetos urbanos inovadores.

A hipótese central é que as metrópoles podem promover altas densidades de capital criativo e esse faz emergir frequentes interações face a face, facilitando a formação de *spillovers* criativos e, posteriormente, inovações, conforme enfatiza Richard Florida (2008): "Em termos de inovação e desenvolvimento local, a concentração de densidades é determinante. Os picos mais altos (atualmente) estão em regiões metropolitanas ao redor de Tóquio, Seul, Nova York e São Francisco. Ou em cidades como Boston, Seattle, Austin, Toronto, Berlim, Paris, Helsinque e Taipé".

São Paulo, Buenos Aires e Cidade do México estão na lista, mas perto do final. Essas são áreas, explica Florida, com ecossistemas que incluem universidades de ponta, grandes companhias, mercado de trabalho flexível e investidores que estão afinados com as demandas do mercado de inovação.

O economista Edward Glaeser (2008) resume a situação: "A tese central de Richard Florida é que a economia está se transformando e a criatividade é para o século 21 o que a habilidade para puxar o arado foi no século 18 (...) As cidades que desejarem sucesso precisam trabalhar para atrair as pessoas criativas, a onda do futuro (...) Se eu tivesse que escolher um fator essencial para o sucesso econômico de uma cidade no século 21, seria este: a capacidade de atrair talentos, de se reinventar e inovar".

laboratório de co-criação em territórios informais (lccti)

laboratório de co-criação de soluções espaciais (arquitetura, urbanismo, design) junto à comunidade local que permita o desenvolvimento de inovação e protocolos de inclusão social: ("diy" "smart informal cities"):

1: mapear potencialidades

    indicadores susten. de governança
    indicadores susten. de oportunidades

2: identificar oportunidades

3: comunicar externalidades

4: otimizar práticas criativas

5: implementar um sistema de kit-de-ferramentas de propostas:

- ⊘ "simcity": inserção de vazios de convivência + autoexpansão de habitação
- ⊘ sistema do 3. nível: geração de espaços públicos sem remoções
- ⊘ implementar um sistema de fabricação digital de soluções espaciais

7
CIDADES SUSTENTÁVEIS: CIDADES COMPACTAS, CIDADES INTELIGENTES

Se a cidade é "tudo o que nos resta" neste planeta urbano, como atestam os urbanistas contemporâneos de maior destaque, de Rem Koolhaas a Richard Rogers, por acreditarem que é através da cidade que existirão saídas para um mundo mais sustentável, justo e democrático, algumas premissas devem ser consideradas:

- As metrópoles são o grande desafio estratégico do planeta neste momento. Se elas adoecem, o planeta fica insustentável. No entanto, a experiência internacional – de Barcelona, Vancouver e Nova York, para citar algumas das cidades mais verdes – mostra que as metrópoles se reinventam, se refazem. Já existem diversos indicadores comparativos e *rankings* das cidades mais verdes do planeta. Além dos países ricos, Bogotá e Curitiba têm-se colocado na linha de frente como casos a serem replicados.

- Uma cidade sustentável é muito mais do que um desejável conjunto de construções sustentáveis. Ela deve incorporar parâmetros de sustentabilidade no desenvolvimento urbano público e privado.

- As grandes cidades brasileiras se desenvolveram historicamente baseadas em contínua presença do setor privado, além do planejamento e de políticas públicas. Há, portanto, a necessidade de buscar, no setor privado do desenvolvimento imobiliário urbano, parâmetros de sustentabilidade urbana que complementem e atuem em consonância com aqueles pautados pela atuação pública.

- Qualquer transformação começa por um bom diagnóstico. No caso do sistema de indicadores de sustentabilidade urbana, significa uma importante mudança de patamar, um outro olhar que permita, inclusive, melhorar a estruturação dos investimentos públicos.

- Algumas das cidades que mais se aproximam da realidade brasileira têm conseguido, com ações determinantes a partir dos setores público e privado, moldar novos padrões de desenvolvimento sustentável. Eficientes sistemas de indicadores de sustentabilidade urbana vêm sendo construídos em diversas cidades do planeta, em algumas a partir de gestões públicas e, em diversas outras, por meio de organizações do terceiro setor e da iniciativa privada.

- Os novos formatos territoriais das metrópoles e megarregiões brasileiras, além dos loteamentos urbanos e empreendimentos nas cidades em expansão por todo o país num momento de rápido crescimento e pujança econômica, são os desafios e as oportunidades para o desenvolvimento imobiliário do século 21 no Brasil. Eles devem incorporar os desejáveis indicadores de sustentabilidade urbana.

- Nas cidades brasileiras, sustentabilidade urbana passa urgentemente pelo pilar social: alavancar a diversidade socioterritorial em nossas cidades é desafio complexo e premente para promover cidades mais equilibradas nas formas como os diversos extratos populacionais ocupam o território comum e, portanto, de todos. Uma cidade mais justa e inclusiva no uso do território urbano é desafio dos governos e também pauta de toda sociedade.

- Cidades mais inteligentes no Brasil são também a incorporação dos inovadores e promissores instrumentos de tecnologia da informação e comunicação na promoção de melhores e mais otimizados territórios informais, tão extensos e populosos nas nossas cidades, e cujo desafio de inserção à rede urbana "formal" – e não a sua exclusão – é dotá-lo de adequadas infraestruturas.

Em uma perspectiva de um planeta com população cada vez mais urbana, com cidades cada vez maiores, dando origem a megacidades – cidades com populações acima de 10 milhões de habitantes – e megarregiões – conurbação de diferentes cidades em uma região muito mais ampla – é preciso desenvolver modelos de sustentabilidade urbana capazes de alinhar o desenvolvimento desses espaços com o respeito aos princípios da sustentabilidade. As cidades são elementos-chave para o desenvolvimento sustentável global.

Existem atualmente no mundo diversos exemplos de cidades autoproclamadas ou indicadas por especialistas como cidades sustentáveis.

As ações que sustentam esses exemplos variam muito de acordo com as características das cidades e com o foco dos responsáveis pelas ações.

Com relação à abordagem de possibilidades de implementação de programas de sustentabilidade urbana, dois grupos de cidades se destacam. No primeiro grupo, os executores têm foco em aspectos sociais para promoção da sustentabilidade urbana, como governança local, mudanças de comportamento e atitudes, revisão dos objetivos do planejamento do uso do solo, entre outros. Uma vez que muitas tecnologias visando ao alto desempenho em aspectos da sustentabilidade ainda têm altos custos, impedindo sua utilização em muitas cidades, a alternativa passa a ser a realização de ações visando eficiência por redução de consumo e desperdício, apoio a serviços com baixas emissões de carbono e revitalização urbana promovendo a compacidade do uso do solo, o compartilhamento de equipamentos e a valorização do espaço público.

O segundo grupo tem foco em alta tecnologia – alinhado com o conceito de *smart sustainable city*. Nele são usados equipamentos e sistemas modernos para que a cidade, especialmente os setores de energia, mobilidade e gestão de resíduos, possa alcançar altos índices de desempenho em aspectos como emissões de gases de efeito estufa e destinação de resíduos.

Como casos extremos, se apresentam algumas cidades, atualmente sendo consideradas paradigmáticas de cada "modelo":

- Copenhague é considerada uma das cidades mais sustentáveis do mundo basicamente por conta da ativa participação de toda a sociedade, incluindo o fato de 37% da população locomover-se de bicicleta e do transporte público utilizar bateria e não combustível; 51% da comida consumida nos órgãos públicos municipais é orgânica. Portland, Curitiba e Bogotá são frequentemente colocadas entre as cidades mais sustentáveis em termos de mudanças significativas que a sociedade vem alavancando.

- Masdar (Emirados Árabes Unidos), cidade que está sendo planejada no meio do deserto para abrigar 45 mil moradores e 45 mil trabalhadores, tem como meta emissão nula de gases de efeito estufa e reaproveitamento total dos resíduos gerados. A base para o alcance desses objetivos é o uso massivo de tecnologia de ponta no planejamento da cidade, na geração de energia, na mobilidade e nas construções. O alto desempenho da cidade é contrabalançado pela dificuldade de replicação do modelo, pelos seus custos e pela dificuldade de encontro das condições necessárias para sua realização. A China também está desenvolvendo a sua cidade *eco-friendly-high-tech*, Dongtan.

Por mais diferentes que os exemplos sejam, todos têm como objetivo organizar as cidades para que elas contribuam com o desenvolvimento sustentável. Deste modo, é possível analisar seus pontos comuns para a construção de um conceito de cidade sustentável.

A definição de cidade sustentável inclui ainda a visão do ciclo de vida de seus componentes, buscando eliminar desperdícios – "do berço ao berço" ou *cradle-to-cradle* (McDonough; Braungart, 2002) –, garantindo que os recursos disponíveis serão utilizados de forma eficiente.

Isso permitirá o crescimento das cidades sem a necessidade de esgotamento dos recursos naturais. Crescimento esse apoiado pela promoção de compacidade do espaço urbano, pelo uso misto do solo e pelo compartilhamento de equipamentos, promovendo a eficiência no uso de recursos, o uso efetivo da cidade por seus habitantes e, consequentemente, eliminando as barreiras à integração social.

Conceito urbanístico geral: a cidade sustentável

O conceito de cidade sustentável reconhece que a cidade precisa atender aos objetivos sociais, ambientais, políticos e culturais, bem como aos objetivos econômicos e físicos de seus cidadãos. É um organismo dinâmico tão complexo quanto a própria sociedade e suficientemente ágil para reagir com rapidez às suas mudanças que, num cenário ideal, deveria operar em ciclo de vida contínuo, sem desperdícios (*cradle to cradle*).

A cidade sustentável deve operar segundo um modelo de desenvolvimento urbano que procure balancear, de forma eficiente, os recursos necessários ao seu funcionamento, seja nos insumos de entrada (terra urbana e recursos naturais, água, energia, alimento, etc.), seja nas fontes de saída (resíduos, esgoto, poluição, etc.). Ou seja, todos os recursos devem ser utilizados da forma mais eficiente possível para alcançar os objetivos da sociedade urbana. O suprimento, o manuseio eficiente, o manejo de forma sustentável e a distribuição igualitária para toda a população urbana dos recursos de consumo básicos na cidade são parte das necessidades básicas da população urbana e itens de enorme relevância na construção de novos paradigmas de desenvolvimento sustentável, incluindo desafios prementes, como o aumento da permeabilidade nas cidades.

A cidade sustentável deve buscar novos modelos de funcionamento, gestão e crescimento, diferentes daqueles praticados principalmente no século 20, "expansão com esgotamento". A opção pelos parâmetros advindos da cidade compacta tem sido consenso internacional: modelo de desenvolvimento urbano que otimiza o uso das infraestruturas urbanas e promove maior sustentabilidade – eficiência energética, melhor uso das águas e redução da poluição, promoção de relativamente altas densidades de modo qualificado, com adequado e planejado uso misto do solo, misturando as funções urbanas (habitação, comércio e serviços).

Esse modelo é baseado em um eficiente sistema de mobilidade urbana que conecte os núcleos adensados em rede, promovendo maior eficiência nos transportes públicos e gerando um desenho urbano que encoraje a caminhada e o ciclismo, além de novos formatos de carros (compactos, urbanos e de uso como serviço avançado).

A população residente tem mais oportunidades para interação social, bem como uma melhor sensação de segurança pública, uma vez que se estabelece melhor o senso de comunidade – proximidade, usos mistos, calçadas e espaços de uso coletivo vivos – que induz à diversidade socioterritorial – uso democrático e por diversos grupos de cidadãos do espaço urbano.

Cidades com bons sistemas de transporte público e que têm evitado a sua expansão desmedida apresentam menores níveis de emissões de gases estufa por pessoa do que cidades que não têm. Cingapura, por exemplo, tem um quinto da população de carros *per capita* em comparação com cidades de outros países de elevado rendimento, mas também uma maior renda *per capita*. A maior parte das cidades europeias que têm altas densidades possui centros onde andar a pé e de bicicleta são meios de mobilidade preferidos por grande parte da população.

Um olhar mais atento para os fatores específicos que contribuem para a eficiência de carbono revela a dinâmica de como um determinado território urbano compacto pode apresentar melhores indicadores ambientais se comparados a configurações espaciais dispersas, seja no meio rural, seja no modelo dos subúrbios. Dois fatores decisivos são a otimização dos recursos consumidos na cidade, incluindo a redução do consumo de energia associado a edifícios – otimiza-se a infraestrutura geral quando se têm concentrações edificadas – e os transportes: territórios compactos geram maiores níveis de acessibilidade e permitem a redução da intensidade de viagens.

Se neste modelo de cidade compacta promovem-se densidades qualificadas – com uso misto do solo e multicentralidade ligadas por uma eficiente rede de mobilidade (transportes públicos eficientes, ciclovias e áreas adequadas ao pedestre) –, têm-se os ingredientes básicos para uma cidade sustentável.

Acrescente-se a isso um território provido de boas externalidades espaciais que geram desenvolvimento econômico local rico, como vimos nos capítulos anteriores, e teremos uma rede de geração de boas oportunidades atrativas nesta cidade sustentável.

Finalmente, lembre-se que qualquer cidade sustentável se desenvolve a partir de uma adequada, amigável e ponderada ligação entre o ambiente construído e a geografia natural. Um desenvolvimento urbano respeitoso às características geográficas do território, que promova boa relação com as águas e áreas verdes, é fundamental.

Infelizmente, esses paradigmas são a exceção e não a regra. A absoluta maioria das grandes cidades do planeta cresceu sem este adequado desenvolvimento sustentável. Em inúmeras grandes cidades, temos hoje uma relação ambiente construído-ambiente natural pobre, senão criminosa, no que se refere à preservação dos recursos originais básicos. Rios estão poluídos. Muitos foram retificados. Áreas de várzea foram indevidamente ocupadas. Os cinturões verdes e de captação de bacias d'água foram destruídos. Ocupações ilegais e favelas emergiram em extensas áreas de preservação ambiental. Há poucas áreas verdes. O ar está poluído.

Em cidades como o Rio de Janeiro, há variações de temperatura de até 10°C numa distância de 2,5 km, causadas principalmente pelo aumento das emissões de gás carbônico na atmosfera que retém o calor, pela redução da área arborizada, da drenagem de regiões e dos corredores de edifícios.

Estima-se que 45% da superfície da cidade de São Paulo estejam impermeabilizados, sendo que este indicador pode chegar, em algumas áreas, a 90%.

As enchentes urbanas que frequentemente ocorrem nas cidades brasileiras não são catástrofes "naturais", mas, sim, resultados perniciosos de uma ocupação absolutamente inadequada e irresponsável do território urbano. Uma mistura explosiva de inexistência e/ou ineficiência de planejamento urbano com falta de um Estado regulador e eficiente. Falta de educação urbana da sociedade e corrupção generalizada ainda são a regra nas cidades brasileiras. Quando o território atinge momentos de uso limítrofes, as catástrofes facilmente emergem. Os gargalos podem ser vistos em crescentes e prejudiciais congestionamentos nas vias ou em alagamentos catastróficos nos meses de maior chuva.

Como temos visto desde o início do livro, a cidade é um organismo vivo, criado e gerido pelo homem. Como tal, está continuamente sujeita à falha. Como tal, necessita de adequado cuidado. Planejar a cidade é cuidar dela. Tratá-la com zelo e cuidado é fazê-la funcionar bem. A ineficiência na sua gestão e operação corresponde à sua falência.

Mas, como mostrado desde o início, as cidades se reinventam. Elas podem reescrever suas histórias e muitas o estão fazendo atualmente por conta de uma demanda nova e impetuosa, que tem o enorme mérito de estar mobilizando toda a sociedade e não apenas *experts*: desenvolver com sustentabilidade. Buscar promover cidades sustentáveis.

As populações locais têm exigido e cobrado de seus gestores urbanos medidas concretas na sustentabilidade urbana. As boas práticas se publicizam e geram replicação. Congressos, seminários e palestras pelo mundo crescem de modo espantoso, e o debate está cada vez mais nas ruas.

A sociedade atual urge por novos modelos de cidade, mais justos e sustentáveis: o desafio é possível e oportuno, desde que emerja da atuação conjunta da sociedade civil organizada, do setor corporativo e, obviamente, da atuação pública republicana e eficiente, certamente o maior gargalo em países como o Brasil.

No século das cidades, a sustentabilidade é o seu "*leitmotif*". Os exemplos se multiplicam. As boas práticas, num planeta urbano e globalizado, replicam-se rapidamente.

Nova York inspirou-se em São Paulo para adotar o alerta público de graus de poluição (iluminação das antenas de TV). Curitiba implantou uma invejável práxis de planejamento urbano eficiente em que se destaca o sistema de corredores de ônibus implantado ao longo dos corredores de adensamento residencial.

Curitiba continua ganhando importantes prêmios que dão o merecido reconhecimento à sua tradição de planejamento sustentável: a *Clinton Climate Initiative C40 Cities*, em 2007, e o prêmio *Globe Award Sustainable City*, em 2010, que elege a cada ano a cidade mais sustentável do mundo. O prêmio é organizado pelo Globe Forum, da Suécia.

A cidade de Surrey, Inglaterra, desenvolveu um empreendimento imobiliário – um pequeno bairro novo – que virou referência pois é *zero energy*. Ele obtém toda a energia consumida de painéis solares em larga escala (coberturas de todos os edifícios residenciais, aproveitamento de luz natural e sistema de cogeração por resíduos vegetais).

Copenhagen tem sido constantemente apontada como uma das mais verdes do planeta. Dentre as diversas medidas que vêm sendo adotadas com sucesso nos últimos anos, destaca-se a matriz energética limpa (basicamente derivada das fontes solar e eólica).

Em toda Dinamarca, diversas cidades estão coletando seu lixo urbano e reciclando-o em compostos usados nas fazendas, ou seja, o lixo reciclado retorna à terra.

Em Freiburg, cidade alemã de 200 mil habitantes, há mais painéis solares nas coberturas das casas do que em toda a Inglaterra (60 milhões de habitantes).

Em Calgary, no Canadá, após a realização de um extenso mapeamento, descobriu-se que a cidade possuía o índice de maior pegada ecológica do país. A má notícia foi trabalhada pela gestão municipal como alavancagem para uma ampla estratégia de redução do indicador, com surpreendente aceitação da população. A cidade desenvolveu planos de desenvolvimento sustentável de longo, médio e curto prazo amplamente divulgados junto à população, que abraçou a causa. Uma das metas mais ousadas, já em andamento, é a redução de 80% do lixo não reciclado até 2020.

Nos Estados Unidos, apesar do país não ter sido signatário do Protocolo de Kyoto, as cidades estão fortemente empenhadas na sua reinvenção em termos de conseguir novos padrões de desenvolvimento sustentável. Há alguns anos, é publicado o *ranking* das Green Cities americanas, de onde derivam práticas exemplares que se replicam e geram-se novas oportunidades na atração de capital e investimentos, além da óbvia melhoria na qualidade de vida dos cidadãos. Como o *ranking* já existe há vários anos, foi possível produzir uma agenda replicável:

- Mais bicicletas: há 12,3% mais ciclistas em todo os Estados Unidos a cada ano; as cidades campeãs são Portland, Nova York, Oakland, Washington e Minneapolis.

- Revitalização dos centros (*downtowns*): as cidades de Columbus, Oakland e Filadélfia estão reanimando seus *downtowns* e criando áreas de alta densidade, de utilização mista do espaço, implantando reordenamento do centro e do trânsito. Uma histórica passagem dos subúrbios de volta às cidades.

- Trens fazendo um retorno intraurbano: novo sistema ferroviário ligeiro e outros investimentos em infraestruturas públicas de trânsito, conduzindo a cidades mais densas e de maior eficiência energética. Phoenix, Charlotte, Seattle, Portland, São Francisco, Nova York, Detroit, Houston, Albuquerque, Denver, Dallas e Austin estão preparando o caminho.

- Integração do movimento verde: mais cidades cujos governos estão efetivamente incorporando uma agenda de sustentabilidade em seus orçamentos e gestão: Houston, Atlanta e Columbus estão entre os destaques.

- Energias alternativas e renováveis: energias eólica e solar na produção energética e conservação da energia são prioridades em Boston, São Francisco, Portland, Houston, Austin e Sacramento.

- "Mais bairro"/grupos de comunidade local: os cidadãos estão aderindo em conjunto para resolver problemas causados pela subida do preço dos combustíveis (300% de aumento dos preços nos últimos cinco anos) e pelas alterações climáticas. O resultado: jardins comunitários, geração de espaços coletivos, digestores anaeróbicos, etc. são encontrados em Seattle, Minneapolis, Denver, São Francisco, Chicago e Detroit.

- *Green Building*: adoção de certificação LEED e outros programas em locais como Boston, Los Angeles, Portland, Seattle, Chicago, Nova York e São Francisco estão se expandindo para todos os tipos de ambiente construído, não apenas para edifícios de escritórios. É importante salientar que os métodos de avaliação ambiental não devem ser utilizados somente como ferramentas mercadológicas para valorizar os empreendimentos, mas sim na intenção de contribuir no traçado urbano, no qual serão posteriormente construídos os "edifícios verdes". Os métodos de avaliação são ferramentas cujos resultados devem ser utilizados com o objetivo de uma melhoria contínua, na direção da sustentabilidade urbana, para que sejam atendidos os princípios da Agenda 21 Global e Local e do Habitat II.

- Florestação de cidades: o aumento do gradiente verde nas cidades, plantando árvores para aumentar a cobertura urbana em ruas, ou na forma de tetos verdes urbanos, diminui o calor, melhora a qualidade do ar e da água e promove o sequestro de emissões de CO2, propiciando valorização imobiliária e melhora da qualidade de vida: Chicago, Oakland, Los Angeles, Nova York, Tulsa e Atlanta já estão fazendo.

- Reutilização da infraestrutura ferroviária: Atlanta, Detroit, Chicago, São Francisco e São Diego estão instalando linhas de VLP sobre as antigas e desativadas linhas férreas e cinturões verdes, e parques lineares têm sido gerados (reurbanização de *brownfields* e *wastelands*).

- "Resíduos são bons": em Boston, a compostagem em recinto fechado que se desloca para tirar vantagem do gás é o exemplo perfeito de cidade na utilização de digestores anaeróbicos, assim como práticas da transformação dos aterros em geradores de energia através dos gases resultantes (*urban waste-to-clean energy*). Em São Paulo, foi desenvolvido um dos maiores casos do tipo, o Aterro Bandeirantes, na Zona Norte da cidade, que, além de gerar energia limpa, deixa de emitir toneladas de GEE, como o metano, à atmosfera.

- *Weekend car-free streets*: São Francisco, Portland, Seattle e Nova York transformam ruas e estradas em espaços livres para caminhar, correr, andar de bicicleta e participar de atividades comunitárias.

Dentre os fatores que vêm determinando as primeiras posições entre as cidades mais sustentáveis mapeadas anualmente nos Estados Unidos, destacam-se a presença de *clusters* inovadores (Seattle, São Francisco, Boston); rica vida cultural (Nova York, São Francisco, Washington DC); forte presença de centros de ensino e pesquisa (todas); diversidade populacional (Washington DC, Nova York, São Francisco); atrativos recreativos/lazer (Seattle, São Francisco); sistemas contemporâneos de mobilidade urbana (Portland, São Francisco, Nova York); reversão da expansão (*urban sprawl*) em favor da compactação central (Portland, Nova York).

O interessante nestes *rankings* não é a presença de Nova York ou São Francisco entre as cidades líderes de sustentabilidade, mas as surpreendentes presenças crescentes de Portland e Seattle.

Portland lidera o *ranking* das cidades americanas mais verdes baseada num processo contínuo de 12 anos de estabelecer uma agenda estratégica verde cujos dois pilares centrais foram: a reinvenção do centro como lugar de moradia e trabalho, gerando uma cidade mais densa e compacta, e a implementação de um moderno sistema de mobilidade urbana, incluindo os *trams*, modernos veículos sobre trilhos (VST).

Seattle aparece como a *American cool city* ou, ainda, a *emerald city* dos anos 1990, assim como São Francisco foi nos anos 1960, de onde emergiram novas culturas e comportamentos da juventude. Alia-se a isso dois fatores determinantes: a valorização contínua da cidade como área de lazer e a presença das frentes d'água; a implementação de *clusters* de biotecnologia e outros programas de *high-tech* e empresas inovadoras têm levado a cidade a ser chamada de a *high-tech and lifestyle mecca* em pesquisas, incluindo a recentemente conduzida pelo Wall Street Journal.

Conforme nos mostra David Owen em seu envolvente e sintomaticamente *best-seller* em 2009, *Green Metropolis: Why Living Smaller, Living Closer, and Driving Less are the Keys to Sustainability*, "a maioria dos americanos, incluindo a maioria dos nova-iorquinos, pensa em Nova York como um pesadelo ecológico, um deserto de concreto e lixo, fumaça de óleo diesel e engarrafamentos, mas em comparação com o resto da América, ela é um modelo de responsabilidade ambiental. Na verdade, pelas medidas mais significativas, Nova York é a metrópole verde dos Estados Unidos. Os danos mais devastadores que os seres humanos têm provocado ao meio ambiente surgem a partir da queima de combustíveis fósseis, uma categoria em que os nova-iorquinos são praticamente pré-históricos, em comparação com outros americanos. A gasolina média consumida em Manhattan equivale a uma taxa que o país como um todo não tem acompanhado desde meados da década de 1920, quando o carro mais amplamente usado nos Estados Unidos foi o Ford Modelo T". (Owen, 2006, p. 12)

Recentemente, a cidade desenvolveu o seu Plano Nova York Cidade Sustentável com 127 metas audaciosas de desenvolvimento urbano sustentável até 2030, alavancadas na pujança da megacidade mais rica do planeta: população metropolitana de 19 milhões de pessoas, orçamento municipal de U$ 59 bilhões (quatros vezes o de São Paulo) e PIB metropolitano de R$ 1,5 bilhão. Nova York sempre planejou o seu crescimento, nunca foi refém dele. Por exemplo: a maior parte da ampla rede de metrô da cidade foi construída antes de 1930. Agora, o planejamento sustentável é acompanhado *on line* pela sociedade, cujas metas e indicadores são transparentes e públicos.

Na Inglaterra, tornou-se famoso o pioneiro trabalho do *Urban Task Force*, liderado por Richard Rogers junto ao Parlamento Britânico, para alavancar a regeneração urbana de diversas cidades inglesas.

Destaca-se como uma das mais promissoras políticas públicas a operação estratégica e mais flexível de planos de redesenvolvimento urbano de áreas industriais contaminadas – *brownfields* – assegurando um renascimento urbano desses territórios e reafirmando que reciclagem desterritórios e patrimônio industriais é mais sustentável do que a construção de parques industriais novos em áreas verdes, fora da cidade consolidada.

Uma das questões mais interessantes do estudo é o *Urban White Paper*, relatório de diretrizes urbanas que será referência para os próximos 25 anos.

A experiência de Bogotá tem se replicado por diversas cidades brasileiras desde o surgimento pioneiro do Movimento Nossa São Paulo, e agora já se constitui na Rede Brasileira de Cidades Sustentáveis (http://www.nossasaopaulo.org.br/portal/cidades).

Conforme as jornalistas Alexa Salomão e Cynthia Rosenburg (2008): "No começo dos anos 90, Bogotá era atormentada pelo narcotráfico e foi palco do assassinato de três candidatos à Presidência da República. Foi criado, então, o movimento Bogotá Como Vamos?, que uniu ONGs e empresários interessados em cobrar soluções do poder público, na época desarticulado e incapaz de atender às demandas da cidade. Munido de pesquisas de opinião pública e de estudos sobre os problemas locais, o movimento passou a apresentar sugestões para a prefeitura. No começo, os políticos resistiram. Mas a pressão popular foi tamanha que os obrigou a aceitar a articulação e fazer uma espécie de gestão compartilhada da cidade. A prática prolonga-se por cinco administrações consecutivas. Entre 1998 e 2001, o prefeito Enrique Peñalosa manteve o espírito de mudança, mas voltou-se para a reurbanização da cidade. Criou a Corporação Metrovivienda, que comprou terras, vendeu casas a preços populares e melhorou a infraestrutura urbana. Ferrenho opositor ao carro, não deu trégua aos 20% mais ricos da população que dispunham de um veículo particular. Um de seus maiores legados foi o projeto Transmilenio, um sistema de ônibus articulados com pistas exclusivas inspirado em Curitiba, no Paraná, mas adaptado à realidade colombiana. Peñalosa também construiu 180 novos parques. Um deles, com 45 quilômetros de extensão, atravessa os bairros mais pobres da cidade e margeia conjuntos de casas populares. Preocupado com a área cultural, ele contratou diversos arquitetos do país para construir escolas novas e bibliotecas públicas em pontos mais tranquilos da cidade. Hoje a cidade é um dos lugares mais seguros da América Latina. A taxa de homicídios, que em 1993 estava na casa de 80 mortes em cada 100 mil habitantes, caiu para 18. O número de mortes no trânsito passou de 1,3 mil por ano para 500".

Um dos maiores desafios para a promoção das cidades sustentáveis está na mobilidade urbana. O reequacionamento da mobilidade nas cidades passa necessariamente pela reinvenção concomitante dos modelos de transporte público e individual.

As cidades com maior qualidade de mobilidade têm desenvolvido um sistema de transporte público eficiente e integrado em suas multimodalidades. Não há solução única e generalizável, mas alguns condicionantes são hoje comuns nos melhores casos. O sistema com base em ônibus e trens, que se estenda por uma ampla área urbana, é fundamental para a oferta de acesso ao trabalho, ao lazer, às compras e a qualquer outra função primária da cidade para a maioria de seus cidadãos.

Conforme o especialista em mobilidade italiana Fabio Casiroli, do Urban Age, "[...] em Los Angeles, por exemplo, menos de 20% da população da região metropolitana usam o transporte público para ir trabalhar – um caso claro de exclusão social –, ao passo que em Tóquio, ainda a maior região metropolitana do mundo, com 35 milhões de habitantes, 78% da população utiliza a rede de transporte público para se locomover diariamente. Muitas das áreas mais carentes de Johanesburgo não dispõem sequer de um serviço de transporte público limitado; em consequência, o acesso ao trabalho torna-se extremamente difícil para aqueles que dele mais necessitam – um padrão evidente em muitas cidades sul-americanas, onde longos deslocamentos para o trabalho podem superar três horas por dia. Casiroli destaca que embora esses estudos apontem para a necessidade de os legisladores levarem em conta o planejamento do transporte baseado em horários do dia, as regiões metropolitanas em crescimento, como é o caso de São Paulo, Buenos Aires, Lima e Rio de Janeiro, precisam investir em um coquetel integrado de medidas, que incluam melhorias na conectividade do transporte regional,implementação de um sistema de ônibus expressos (Bus Rapid Transit – BRT), corredores reservados para o transporte coletivo, ciclovias, e ainda a introdução de políticas de gerenciamento de tráfego, tais como o rodízio de veículos por placa e pedágios urbanos. Somente com uma abordagem holística dos transportes, os legisladores urbanos poderão começar a oferecer soluções sustentáveis a seus cidadãos" (Casiroli apud Burdett; Sudjic, 2010, p. 11).

Cada vez mais, pensa-se a mobilidade urbana como parte integrante da concepção geral de uma cidade sustentável, onde mover-se com qualidade é face da mesma equação em que estão habitar com qualidade ou trabalhar com qualidade.

Neste sentido, a mobilidade urbana de qualidade estende-se concomitantemente a um adequado sistema de transporte público e a inovadoras possibilidades de locomoção individual.

Copenhagen, por exemplo, é a grande cidade europeia com menos congestionamentos, onde 36% dos deslocamentos são feitos de bicicleta, mesmo com o clima horrível, e cuja população tem baixos índices de obesidade e doenças cardíacas. O arquiteto dinamarquês Jahn Gehl, pioneiro da ecologia urbana, transformou-se no grande artífice desta revolução das bicicletas na cidade. Ele descobriu, por lá, que o ideal não é segregar pedestres de ciclistas de motoristas: é melhor misturá-los. Alguns de seus projetos mais interessantes são ruas mistas, nas quais os motoristas sentem-se vigiados e dirigem com um cuidado redobrado. Quanto mais rua se constrói, mais trânsito aparece. Quanto mais ciclovia, mais gente abandona o carro. "Copenhaguizar" virou um verbo, significa tornar uma cidade mais agradável à maneira de Copenhagen: "primeiro vem a vida, depois vêm os espaços, depois vêm os prédios" já se tornou um mote de Gehl popular em todo o mundo (Gehl; Rogers, 2010).

Começou em Lyon, logo chegou a Paris, Barcelona e Nova York. Na verdade, é tendência para as grandes cidades do século 21: compartilhamento de bicicletas. Deixa-se de ser proprietário de bicicletas para ser usuário.

Ken Levingstone, ex-prefeito de Londres, quase conseguiu implementar o uso exclusivo do carro compartilhado na City londrina, o lugar mais congestionado do planeta atualmente. Só circulariam no centro de Londres carros compartilhados.

Em síntese, podemos considerar que cidades sustentáveis possuem um sistema de mobilidade inteligente com os seguintes parâmetros:

- Desestímulo ao uso do automóvel (atual)
- Melhoria do sistema de transporte coletivo integrado
- Integração do uso do solo e do sistema de transportes
- Estímulo ao transporte não motorizado
- Estímulo por soluções inovadoras de transporte individual (futuro)
- Mobilidade urbana inteligente (inovação, gestão e monitoramento)

No que se refere à integração do uso do solo e do sistema de transportes, deve-se buscar:

- Planejamento integrado do território
- Gestão inteligente do território
- Cidade como sistema de núcleos compactos e interligados de forma eficiente
- Densidade qualificada como parâmetros de desenho urbano

Muitos autores veem na mobilidade urbana o maior desafio para megacidades contemporâneas: novas formas de transporte público e individual seriam os maiores desafios e oportunidades para cidades sustentáveis, aquelas que não querem parar por absoluta congestão no sistema viário.

Adalberto Maluf, da Clinton Climate Initiative, pondera: "mais investimentos no transporte público e ciclovias no lugar de grandes avenidas. As cidades foram feitas para o convívio e devem priorizar parques, árvores, ciclovias e lazer, reduzindo o espaço viário, aumentando calçadas e transformando as avenidas. As cidades que não se adequarem a esses novos tempos vão continuar perdendo empresas, pessoas e investimentos." (Carros..., 2010).

Enrique Peñalosa, que corajosamente enfrentou o problema com sucesso em Bogotá, é taxativo: "a única forma de reduzir os congestionamentos é restringir o uso do carro. Numa cidade avançada, ricos usam o transporte público. Transporte não faz ninguém feliz, é apenas necessário, como água potável." (Peñalosa, 2008).

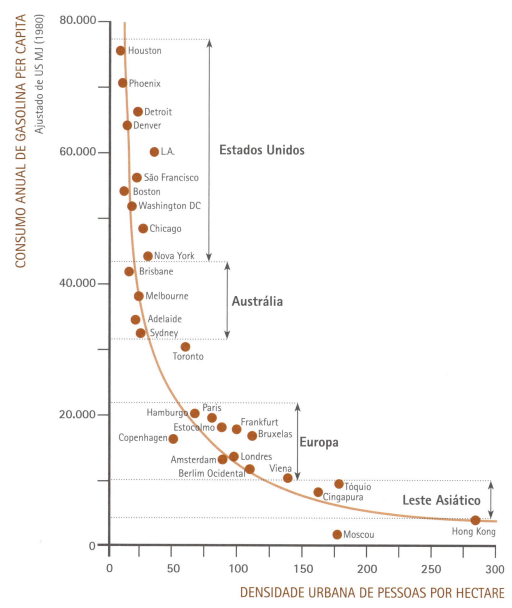

O gráfico mostra a relação entre o consumo de gasolina per capita e densidades urbanas em algumas cidades do mundo, evidenciando com clareza que maiores densidades urbanas correspondem a menor consumo per capita de combustível.

Ou seja: a integração do uso do solo e do sistema de transportes quando planejada visando a menores deslocamentos em cidades ou núcleos mais densos é determinante.

Fonte: adaptado de Newman e Kenworthy (1989).

Sustentabilidade nos setores da construção e do desenvolvimento imobiliário urbano

Diversos setores da sociedade civil se mobilizam para construir seus sistemas de indicadores de sustentabilidade específicos. Dois setores extremamente relevantes para o desenvolvimento urbano sustentável são o da construção civil e do mercado imobiliário.

É fundamental que esses dois setores busquem se reinventar para caminhar para modelos mais sustentáveis. Esta busca engloba a construção e adoção de sistemas de indicadores de sustentabilidade em toda a cadeia produtiva: incorporação, desenvolvimento imobiliário, projeto, construção e uso/manutenção das edificações na cidade.

E passa, sobretudo, pelo enorme desafio de verdadeiramente se reinventar o modelo. A construção civil no Brasil urge adotar, não como exceção mas como regra, sistemas industrializados de construção, transformando obras em montagens, mais limpas, rápidas e eficientes.

Vale para as obras edificadas em geral e é fundamental para a promoção de habitação coletiva em larga escala. É notório que o Brasil atual pode em poucos anos vencer seu ainda enorme déficit habitacional (algo em torno de 7 milhões de unidades em 2010), desde que adote sistemas inteligentes de construção habitacional industrializada, pré-moldada, com tecnologias recentes e mão de obra qualificada. Ou seja, é possível e desejável que se busque parâmetros de um design massivo para resolver rapidamente e com soluções de design e arquitetura de qualidade (Mau; Leonard; Institute Without Boundaries, 2004).

Quanto ao mercado imobiliário, está evidente que o setor precisa aproveitar a oportunidade do *boom* atual e alavancar uma reinvenção de seus modelos de incorporação. A sociedade anseia pelo resgate de modelos imobiliários – seja residencial, seja comercial e de serviços – que construam cidades de verdade, menos estanques, com a desejável diversidade socioterritorial.

Se a classe média brasileira viaja para o exterior para apreciar a qualidade da vida urbana de cidades que possuem ampla diversidade socioterritorial, como Barcelona, Paris, Londres, Nova York, São Francisco ou Vancouver, é dever do setor imobiliário promover o mesmo por aqui: menos condomínios residenciais fechados e distantes entremeados por imensos *shopping centers* fechados e mais vida urbana como se tem em bairros valorizados e queridos, como Copacabana e Ipanema, no Rio de Janeiro, e Higienópolis ou Vila Madalena, em São Paulo.

Um agente fundamental para a promoção da sustentabilidade nas cidades é o indivíduo presente no setor da construção, por seu papel como planejador, construtor e, por vezes, gestor de espaços urbanos.

Daí a necessidade de suas empresas se alinharem com os princípios da sustentabilidade. A sustentabilidade corporativa busca a integração da agenda do desenvolvimento sustentável à estrutura organizacional das empresas e aos seus objetivos estratégicos.

Consequentemente, a visão de geração de valor, antes pensada unicamente para seus proprietários, é ampliada e passa a buscar a distribuição equilibrada de valor entre todos os seus *stakeholders*.

Especificamente para o setor da construção, foi elaborada pelo Conselho Internacional para Pesquisa e Inovação em Edificações e Construção (CIB, sigla em inglês) uma Agenda 21 – com o propósito de ser um documento análogo à Agenda 21, desenvolvida na Rio 92 para orientar os países na busca pelo desenvolvimento sustentável. O documento aponta os aspectos relacionados ao setor da construção apresentados na Agenda 21.

Capítulo 4

- Focar nos padrões insustentáveis de produção e consumo
- Desenvolver as políticas nacionais e estratégias para incentivar mudanças nos padrões de consumo insustentáveis

Capítulo 5

- Desenvolver e disseminar o conhecimento relativo aos vínculos entre as tendências e fatores demográficos e o desenvolvimento sustentável
- Implementar programas ambientais e de desenvolvimento em nível local, levando em consideração as tendências e fatores demográficos

Capítulo 7 (este capítulo lida especificamente com os Assentamentos Humanos)

- Promover habitação adequada para todos (conforme definida na Agenda Habitat)
- Melhorar a gestão dos assentamentos humanos
- Estimular o planejamento e gerenciamento do uso sustentável do solo
- Incentivar a provisão integrada da infraestrutura ambiental: água, saneamento, esgoto e gerenciamento de dejetos sólidos
- Promover energia e sistemas de transporte sustentável nos assentamentos humanos
- Incentivar o planejamento e a gestão do assentamento humano nas áreas expostas a catástrofes naturais
- Estimular atividades de construção sustentáveis (mais tarde definida pela Agenda Habitat)
- Promover o desenvolvimento de recursos humanos e da construção de capacidades para o desenvolvimento do assentamento humano

Capítulo 8

- Integrar o meio ambiente e o desenvolvimento aos níveis de planejamento, gestão e políticos
- Fazer uso eficaz dos mercados e instrumentos econômicos e de outros incentivos
- Estabelecer sistemas para a avaliação integrada do meio ambiente com a economia

Capítulo 9

- Promover o desenvolvimento sustentável e a proteção da atmosfera através do desenvolvimento, eficiência e consumo de energia
- Meios de transporte
- Desenvolvimento industrial

Capítulo 10

- Abordagem integrada ao planejamento e gestão dos recursos do solo

Capítulo 18

- Abastecimento e saneamento de água potável
- Água e desenvolvimento urbano sustentáveis

Capítulo 19

- Harmonizar a classificação e rotulagem de produtos químicos
- Trocar informações sobre os produtos químicos tóxicos e os riscos químicos
- Estabelecer programas de redução de riscos

Capítulo 20

- Incentivar a prevenção e minimização de resíduos nocivos

Capítulo 21

- Minimizar o lixo
- Maximizar a reutilização e reciclagem ambientalmente corretas do lixo
- Promover a eliminação e tratamento ambientalmente corretos do lixo
- Expandir o serviço de coleta de lixo

Capítulo 30

- Estimular produções mais limpas
- Promover o empreendedorismo responsável

Capítulo 36

- Reorientar a educação em direção ao desenvolvimento sustentável
- Aumentar a conscientização pública
- Promover treinamentos
- Reforçar as capacidades nos países em desenvolvimento

Capítulo 40

- Fornecer informação para a tomada de decisões (apoio à decisão)
- Preencher as lacunas da falta de dados
- Aperfeiçoar a disponibilidade de informações

O texto completo da Agenda 21 encontra-se disponível em http://www.infohabitat.org/agenda21

Relação entre capítulos da Agenda 21 e o Setor da Construção.
Fonte: CIB (1999).

Segundo os autores do documento, a construção sustentável consiste no uso eficiente de recursos e no respeito aos princípios da sustentabilidade para a criação e gestão de um ambiente de construção saudável. É difícil apresentar uma definição mais concreta do conceito, uma vez que as abordagens e prioridades para o setor são diferentes em cada país.

De modo geral, os conceitos nacionais de construção sustentável devem sempre levar em consideração aspectos ambientais, econômicos, sociais e culturais. No entanto, eles podem variar de acordo com o nível de desenvolvimento nacional, abordando com maior ou menor intensidade questões de pobreza, desigualdade social, densidade, economia local, padrão de vida, prevenção de desastres naturais, disponibilidade de terra e água, entre outros.

Especificamente, o setor da construção deve trabalhar com "o uso eficiente da terra, o design para uma longa vida útil, a longevidade das edificações por meio da flexibilidade e adaptabilidade, a conversão de prédios existentes, reformas, o gerenciamento sustentável dos prédios, a prevenção do declínio urbano, a redução do espraiamento, a contribuição para a criação de empregos e a preservação da herança cultural." (CIB, 1999).

A relação entre o setor e o ambiente urbano é estreita. Ela é condicionada por elementos tão diversos quanto legislação urbana, contexto econômico e segurança pública, por exemplo. Isso aponta a complexidade do caminho para alcançar a sustentabilidade urbana e de como o setor da construção deve agir para apoiá-lo. É preciso que, ao construírem o espaço urbano, os empreendedores tenham uma ampla visão da relação entre seus projetos e a cidade, observando as condições existentes para integrar aspectos de sustentabilidade em seus empreendimentos.

É importante destacar que existem muitas barreiras para a promoção de projetos de desenvolvimento imobiliário urbano sustentáveis nas cidades brasileiras, como legislação de uso e ocupação do solo, adequação das infraestruturas urbanas, níveis de criminalidade e preferências dos consumidores. Por um lado, muitas dessas questões extrapolam a área de atuação dos empreendedores do setor da construção. Por outro, tendo consciência dos aspectos de uma cidade sustentável, é possível que os empreendedores já preparem seus projetos para uma integração futura com a cidade, de modo a contribuir com sua sustentabilidade. A relação entre os setores público, privado e sociedade civil é fundamental para que o processo rumo à cidade sustentável, desejada por todos, possa ser alcançado.

Indicadores de desenvolvimento urbano sustentável

Qualquer transformação começa por um bom diagnóstico. No caso do sistema de indicadores de sustentabilidade urbana, significa uma importante mudança de patamar, um outro olhar que permite, inclusive, melhor estruturar investimentos públicos.

Os indicadores territorializados são fundamentais em grandes cidades, pois, como se sabe, existem muitas cidades numa megacidade.

Os indicadores assim construídos e divulgados com transparência permitem mapear a evolução dos resultados e os impactos na qualidade da vida urbana da sociedade. Resultados objetivos são diferentes de impactos que, em última instância, devem ser buscados. Por exemplo: promover a construção de edifícios verdes (dotados de sistemas e tecnologias de melhor desempenho sustentável) pode ser um resultado objetivo de uma determinada política urbana (pública ou privada), o que não promove necessariamente uma cidade verde (mais sustentável). Ou seja, em termos de desenvolvimento urbano sustentável, há que se construir um sistema de indicadores colado a uma estratégia global, visando sempre aos reais impactos em toda a cidade – mesmo que gerida em partes –, com uma ampla tradução em questões concretas.

A construção de um eficiente sistema de indicadores de sustentabilidade urbana vem sendo realizado em diversas cidades do planeta, em algumas a partir de gestões públicas e, em diversas outras, por organizações do terceiro setor.

Recentemente, foi desenvolvida uma Pesquisa de Construção de Indicadores de Sustentabilidade no Desenvolvimento Imobiliário Urbano, uma parceria entre o Secovi-SP e a Fundação Dom Cabral, coordenada por Carlos Leite e Rafael Tello em 2011, cujo foco é a construção de indicadores de sustentabilidade urbana: como o setor privado pode contribuir para promover cidades mais sustentáveis para além das construções sustentáveis? Esta iniciativa faz parte de um processo para a construção de um Observatório da Sustentabilidade Urbana para acompanhamento do desempenho das cidades em relação aos parâmetros de sustentabilidade e de como o setor do desenvolvimento imobiliário urbano está influenciando este desempenho (Leite; Tello, 2010).

O objetivo principal da pesquisa é a construção de um conjunto de indicadores para avaliação e monitoramento da sustentabilidade de cidades, particularmente no desenvolvimento imobiliário urbano. Já os objetivos específicos da pesquisa são a organização do conhecimento existente sobre sistemas para avaliação de sustentabilidade urbana, a definição de temas que compõem a sustentabilidade urbana e o desenvolvimento de modelos de sustentabilidade de cidades e de projetos de construção de território, empreendimentos urbanos.

O FOCO DA PESQUISA 1
O desenvolvimento imobiliário urbano sustentável

Fases do desenvolvimento sustentável
1. Concepção do produto
2. Definição do território & Desenvolvimento urbano
3. Incorporação
4. Desenvolvimento de projetos
5. Construção
6. Uso e operação
7. Adaptação e reciclagem

As fases do desenvolvimento imobiliário urbano e oportunidade de se inserir parâmetros de sustentabilidade na etapa fundamental da construção do território urbano.

Foi feita a identificação de referências nacionais e internacionais com sistemas organizados para avaliação da sustentabilidade de cidades. Foram selecionadas instituições internacionais reconhecidas, movimentos da sociedade civil organizada, compêndios de cidades, "*urban white papers*", referências acadêmicas reconhecidas, empresas que possuem estudos relacionados ao tema, além de movimentos supranacionais (Leite; Tello, 2010), seguido da análise de temas, parâmetros e indicadores, catalogando os novos e aglutinando os recorrentes.

Na difícil busca por indicadores específicos da iniciativa privada – parâmetros de sustentabilidade urbana no desenvolvimento imobiliário –, foram avaliados parâmetros desenvolvidos por instituições parceiras do setor produtivo, e parâmetros e indicadores gerados pelos organismos internacionais de certificação ambiental no setor da construção civil relativos ao ambiente urbano, mantendo-se sempre uma análise crítica. É importante salientar que os métodos de avaliação ambiental não devem ser utilizados somente como ferramentas mercadológicas para valorizar os empreendimentos, mas, sim, com a intenção de contribuir no traçado urbano, no qual serão posteriormente construídos os "edifícios verdes". Os métodos de avaliação são ferramentas cujos resultados devem ser utilizados com o objetivo de uma melhoria contínua, na direção da sustentabilidade urbana, para que sejam atendidos os princípios da Agenda 21 Global e Local e do Habitat II.

"Existem no mercado brasileiro dois sistemas de certificação ambiental de edificações de caráter voluntário. O Leadership in Energy and Environmental Design – LEED (TM) um método híbrido, porém essencialmente prescritivo. [...] O segundo sistema, Processo AQUA, adaptação do método francês HQE – Haute Qualité Environnementale [...]. Tais métodos cobrem diferentes tipologias de empreendimentos, sejam eles novos ou em utilização, desde edifícios comerciais de escritórios – claramente a tipologia com maior procura por certificação – até hotéis, centros de convenções, escolas, residências e bairros residenciais. A Regulamentação de Eficiência Energética foi desenvolvida no âmbito do Procel Edifica para ser implementada de forma voluntária nos primeiros cinco anos de vigência, e tornar-se obrigatória a partir de 2012. O escopo desta regulamentação restringe-se à eficiência energética de edifícios, e a Etiqueta Nacional de Conservação de Energia (ENCE) do Procel Edifica foi, até o momento, atribuída a cinco empreendimentos comerciais, em diferentes estados do Brasil. Em julho de 2009, a Caixa Econômica Federal lançou o chamado Selo Azul, que visa reconhecer e incentivar práticas de sustentabilidade nos projetos habitacionais submetidos para financiamento e tem, por ora, caráter voluntário. Estes dois últimos casos configuram as principais iniciativas indutoras deste tipo de avaliação no país, porém ainda não completamente estruturadas em uma política pública consolidada. O alcance atual desses sistemas de certificações é ainda muito pequeno e geograficamente bastante concentrado na cidade de São Paulo." (CBCS, 2009, pp. 1/2). Lembre-se ainda de que normas, critérios e indicadores para avaliação e/ou certificação em sustentabilidade urbana estão sendo desenvolvidos internacionalmente há pouco tempo e, portanto, ainda são motivo de consolidação. De maior inserção junto à iniciativa privada tem-se o LEED-ND (Neighbourhood Development), a categoria do LEED para bairros e loteamentos urbanos, e, de inserção europeia, o HQE2R: Sustainable renovation of Buildings for Sustainable Neighbourhoods.

No Brasil, o CBCS recentemente criou o seu Comitê Temático Urbano. Neste trabalho, procurou-se incentivar a capacitação da cadeia produtiva – empresas e profissionais – no que se refere aos temas ambientais e de sustentabilidade e à importância de construir sistemas de aferição adequados.

Por fim, foi feito o mapeamento de referências nacionais a fim de trazer subsídios à pesquisa: os indicadores de sustentabilidade urbana do CBCS (Conselho Brasileiro de Construção Sustentável) e do Selo Casa Azul da Caixa Econômica Federal e artigos, dissertações e teses acadêmicos que vêm sendo desenvolvidos nas universidades sobre o tema (Leite; Tello, 2010).

Dessa atividade, foram definidos nove temas, dos quais derivam 176 indicadores.

TEMAS DEFINIDORES DE INDICADORES
DE SUSTENTABILIDADE URBANA

| 1. Construção e infraestrutura sustentáveis |
| 2. Governança |
| 3. Mobilidade |
| 4. Moradia |
| 5. Oportunidades |
| 6. Planejamento e ordenamento territorial |
| 7. Questões ambientais |
| 8. Segurança e inclusão social |
| 9. Serviços e equipamentos |

Os modelos de sustentabilidade urbana foram organizados em formato de "mapas mentais", com cada tema sendo subdividido em subtemas, daí em grupos de indicadores e, por fim, em indicadores. As figuras a seguir apresentam exemplos de como a pesquisa foi desenvolvida e de como os indicadores foram organizados.

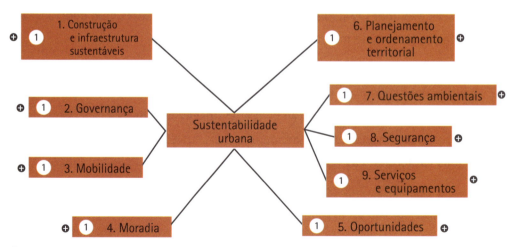

Exemplo de mapa mental da Sustentabilidade Urbana com os nove temas.
Fonte: LEITE & TELLO (2011).

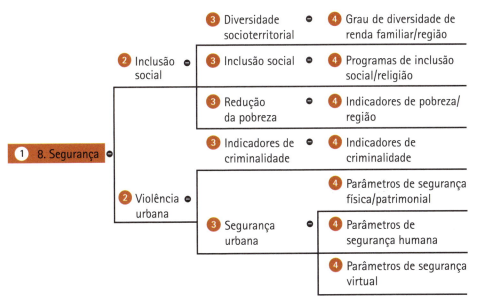

Destaque de seção do mapa mental da Sustentabilidade Urbana com Tema (1), Subtemas (2), Grupos-indicadores (3) e Indicadores (4).
Fonte: LEITE & TELLO (2011).

Os temas, subtemas, grupos-indicadores e indicadores são sempre apresentados em ordem alfabética e não em termos de prioridades.

O processo da pesquisa contou com a participação de representantes do setor da construção, foram realizadas consultas a profissionais do setor, um *workshop* com *stakeholders* e, por fim, um evento de *feedback* para esses participantes apresentando as evoluções realizadas pela equipe de pesquisadores com oportunidade para novas sugestões de melhorias.

Esse trabalho teve como objetivo mostrar, de forma detalhada, todos os resultados alcançados pela pesquisa, imaginando-se que esta aponte diretrizes para que as empresas dos setores da construção civil e do desenvolvimento imobiliário, e seus profissionais tornem seus empreendimentos mais sustentáveis por meio da melhoria de suas características e funções, promovendo a sustentabilidade urbana.

Cidades compactas

Autores como David Owen (2009), em seu deliciosamente provocativo livro *Green Metropolis: Why Living Smaller, Living Closer, and Driving Less are the Keys to Sus-

tainability, descrevem a vida típica americana do século 20 nos subúrbios espraiados como visões aterrorizantes de um futuro urbano para o século 21. Este padrão de vida classe média que explodiu nos Estados Unidos no século 20 e foi exportado para todo o mundo como modelo de vida confortável, hoje é fortemente combatido não apenas pelos especialistas, mas já virou tema de chacota em diversos filmes e seriados. Sob o prisma social, são mostrados como uma ilusão de vida mais natural e tranquila, quando, na verdade, se revelam alienantes, isoladores e solitários, sem os desejáveis senso urbano de pertencimento, de qualidade de vida urbana rica em encontros, trocas, acontecimentos. Enfim, sem aquilo que eles, os norte-americanos, hoje chamam de desejável *metropolitan realm*.

O adensamento urbano qualificado, hoje derivado para núcleos urbanos compactos, na verdade há muito vem sendo estudado e proposto por especialistas.

Em 1973, o matemático americano George Dantzig publicava *Compact City: a plan for a liveable urban environment,* em colaboração com Thomas L. Saaty, com modelos matemáticos que demonstravam a otimização do desenvolvimento urbano com a otimização de suas infraestruturas em bairros de alta densidade. Foram chamados de utopistas. Tinham como referência o então também "utópico" (hoje clássico) *Morte e Vida das Grandes Cidades*, da jornalista canadense, radicada em Nova York até a sua morte em 2006, Jane Jacobs.

Uma definição atual da cidade compacta pode considerá-la como um modelo de desenvolvimento urbano que promova altas densidades (maior do que 250 habitantes por hectare) de modo qualificado, ou seja, com adequado e planejado uso misto do solo urbano, misturando funções urbanas (habitação, comércio e serviços). É baseado em um eficiente sistema de mobilidade urbana que conecte estes núcleos adensados e, além da eficiência de transportes públicos, tenha um traçado urbano que encoraje a caminhada e o ciclismo. Com isso, otimiza-se o uso das infraestruturas urbanas e promove-se maior sustentabilidade – eficiência energética, melhor uso das águas e redução da poluição. A população residente possui maiores oportunidades para interação social, bem como uma melhor sensação de segurança pública, uma vez que se estabelece melhor o senso de comunidade (proximidade, *mix* de usos e calçadas, e espaços de uso coletivo vivos).

Nos Estados Unidos, na década de 1980, emergiu o conceito do *Smart Growth*, popularizado por urbanistas como Peter Calthorpe (2011) e Andrés Duany (Duany; Plater-Zyberg; Speck, 2010), cujo modelo conceitual alia à ideia básica do adensamento uma busca por uma vida mais pacata e menos dependente do automóvel. De modo geral, transformou-se em um modelo alternativo ao subúrbio espraiado de baixa densidade (*urban sprawl*), somando ao modo de vida fora das metrópoles um pouco mais de densidade, o *mix* de usos, *Transit Oriented Development* (TOD), e, principalmente, *walkability*.

PRINCÍPIOS BÁSICOS QUE DEFINEM O MOVIMENTO SMART GROWTH

1. Uso misto do solo
2. Tirar partido de projetos de construções compactas
3. Criar uma gama de oportunidades de diversidade de moradia
4. Criar bairros com *walkability*: grande presença de áreas dadas aos pedestres
5. Incentivar comunidades atraentes com um forte senso de lugar (*sense of place*)
6. Preservar espaços abertos, campos agrícolas, a beleza natural e áreas ambientais críticas
7. Fortalecer e orientar o desenvolvimento para as comunidades preexistentes
8. Fornecer uma variedade de opções de transporte
9. Tomar decisões de desenvolvimento previsíveis, justas e rentáveis
10. Incentivar a comunidade na colaboração das partes interessadas nas decisões de desenvolvimento
11. Incentivar desenvolvimentos em áreas centrais disponíveis de contexto urbano preexistente (*infill areas* e *brownfields*) em contraponto à ocupação de novas áreas verdes (*greenfields*)

Recentemente, o movimento cresceu muito nos Estados Unidos e passou a fazer parte de diretrizes de desenvolvimento urbano em agências oficiais, como a poderosa *Environmental Protection Agency* (EPA), do terceiro setor, como a *Local Governments for Sustainability* (ICLEI), por meio do *Cities for Climate Protection*, que congrega mais de 150 cidades americanas e 6 mil internacionalmente, e do LEED-ND (parâmetros de sustentabilidade urbana da certificação LEED). Diversas cidades americanas passaram a adotar oficialmente os parâmetros do Smart Growth, sendo Portland provavelmente o caso mais exitoso.

A cidade compacta teve uma influência muito forte sobre o planejamento urbano e regional no Reino Unido durante os governos trabalhistas de 1997-2010. O primeiro governo trabalhista criou o Urban Task Force (Grupo de Trabalho Urbano), coordenado por Lord Richard Rogers, que produziu o relatório "Rumo a um Renascimento Urbano". Influenciado por esse relatório, o Governo do Reino Unido lançou o Planejamento de Orientação da Política de Habitação, que introduziu uma meta de redesenvolvimento de 60% de áreas industriais degradadas, uma diretriz de densidade residencial líquida mínima de 30 habitações/ha e uma política de intensificação ao redor dos nós de transportes públicos.

A cidade compacta, composta de atividades sobrepostas, permite maior convivência e reduz as necessidades de deslocamentos em automóveis, o que, por sua vez, reduz drasticamente a energia utilizada para transporte – geralmente um quarto do consumo global da cidade. Um menor número de carros significa menos congestionamento e melhor qualidade de ar, fato que estimula o cidadão a caminhar ou a andar de bicicleta em substituição ao carro. Conforme Rogers (2001, p. 34), "a criação da moderna Cidade Compacta exige a rejeição do modelo de desenvolvimento monofuncional e a predominância do automóvel. A questão é como pensar e planejar cidades, onde as comunidades prosperem e a mobilidade aumente, como buscar a mobilidade do cidadão sem permitir a destruição da vida comunitária pelo automóvel, além de como intensificar o uso de sistemas eficientes de transporte e reequilibrar o uso de nossas ruas em favor do pedestre e da comunidade. A Cidade Compacta abrange todas essas questões. Ela cresce em volta dos centros de atividades sociais e comerciais localizadas junto aos pontos nodais de transporte público, pontos focais, em volta dos quais, as vizinhanças se desenvolvem. A Cidade Compacta é uma rede destas vizinhanças, cada uma delas com seus parques e espaços públicos, acomodando uma diversidade de atividades públicas e privadas sobrepostas".

O economista Paul Krugman concretiza a questão da densidade que as megacidades oferecem para a realidade da grande maioria do território americano – pouquíssimo denso e espraiado: "Não é um conjunto de coisas interessantes para a América. Grandes casas em enormes subúrbios com dois carros gigantes na garagem há muito são símbolos da riqueza americana. Nossa pesada adoção de tais recursos irá agora fazer com que as reduções de emissões de gases seja muito mais dispendiosa para os consumidores americanos. A questão da densidade não é irrelevante. A Coreia do Sul saltou à frente na ampla implementação da banda larga em parte porque muitos sul-coreanos vivem em grandes edifícios em território concentrado. Concentração geográfica encoraja a inovação porque as ideias têm fluxo mais livre e podem ser postas em prática mais rapidamente quando os agentes inovadores, os implementadores e os apoios financeiros estão em constante contato". (Krugman apud The Economist, 2007).

Conforme Glaeser e Kahn (2008), "a densidade populacional de Manhattan é de 274 habitantes/ha enquanto a média nas cidades americanas é de 80. As áreas de baixa densidade nos Estados Unidos geram 2,5 vezes a quantidade de emissão de gases de efeito estufa e consomem o dobro de energia, *per capita*, do que as de alta densidade. Se o custo social da emissão de 1 tonelada de dióxido de carbono é de U$ 43, então o estrago ambiental associado a uma nova casa na Grande Huston é de mais de 500 vezes do que uma em São Francisco, o de uma casa no subúrbio de Boston, 200 vezes maior do que uma casa na área central Boston".

Podemos considerar os seguintes conceitos como pertencentes a uma ampla definição de cidade sustentável e compacta:

1. Cidade sustentável
2. Cidade compacta
3. Cidade polinucleada
4. Novas centralidades/polos de desenvolvimento
5. Desenvolvimento regional/megametropolitano
6. Densidade qualificada
7. Diversidade socioterritorial
8. Uso misto: possibilidades atuais
9. Espaços abertos de uso coletivo
10. Senso de comunidade

- A cidade sustentável baseia-se em um modelo de desenvolvimento urbano que promove relativamente altas densidades de modo qualificado, ou seja, com adequado e planejado uso misto do solo, misturando funções urbanas (habitação, comércio e serviços).

- Densidade qualificada é aquela planejada urbanisticamente para cada contexto territorial, de acordo com os diversos usos adequados, não conflitantes com as necessidades dos usuários, procurando a valorização do uso misto na escala intraurbana e que favoreça a população local estar próxima de suas necessidades urbanas básicas.

- As necessidades urbanas básicas do morador são tudo aquilo que lhe faz falta no seu dia a dia usual: serviços e equipamentos urbanos básicos, espaços verdes, comércio local e acesso ao sistema de transporte coletivo e devem, em núcleos urbanos compactos, ser acessíveis em, no máximo, 10 minutos a pé – ou estar a uma distância máxima de sua moradia de 1.000 metros.

- A população residente possui mais oportunidades para interação social, bem como uma melhor sensação de segurança pública, uma vez que se estabelece melhor o senso de comunidade (proximidade, *mix* de usos, e calçadas e espaços de uso coletivo vivos).

- O imenso gargalo do déficit habitacional e a falta de diversidade socioterritorial nas grandes cidades brasileiras devem ser resolvidos com novos modelos de desenvolvimento urbano sustentável, incorporando processos que promovam moradias em áreas mais densas e compactas, com mistura de usos, próximas ao sistema de mobilidade, que ofereçam diversidade tipológica e promovam a vida urbana mais inclusa e menos isolada.

- O crescimento ordenado do território é pré-requisito básico para uma cidade mais sustentável. Compondo este tema, têm-se os parâmetros que o definem como os elementos de desenho urbano, que formam a adequação urbanística do território (formas de implantação adequada, adequações visual, paisagística e sonora, preexistências a manter, geografia a respeitar), o nível de compacidade do território (onde compactar mais a cidade e com quais índices) e densidade qualificada (adensar com parâmetros de uso misto adequados a cada trecho da cidade), os eixos de crescimento e desenvolvimento urbano nas escalas regional e macrometropolitana, os graus de renovação urbana, o desejável crescimento territorial integrado ao sistema de mobilidade e os níveis de uso misto e uso coletivo do território.

STEVEN HOLL ARCHITECTS.
LINKED HYBRID. BEIJING, CHINA.
2003 – 2009

Os 220 mil metros quadrados do complexo *Linked Hybrid*, em Beijing, têm como objetivo combater a atual tendência de privatização urbana na China por meio da criação de um espaço urbano poroso do século 21, convidativo e aberto ao público a partir de todos os lados.

A experiência fílmica urbana do espaço, ao longo, sobre e através de camadas espaciais multifacetadas, bem como de muitas passagens por meio do projeto, fazem do *Linked Hybrid* uma "cidade aberta dentro da cidade".

O projeto promove relações interativas e incentiva encontros nos espaços públicos que variam de comerciais, residenciais e educacionais ao lazer; um espaço público urbano tridimensional.

Todas as funções públicas no nível do solo – incluindo um restaurante, hotel, escola Montessori, jardim de infância e cinema – têm ligações com os espaços verdes envolventes e penetrantes do projeto.

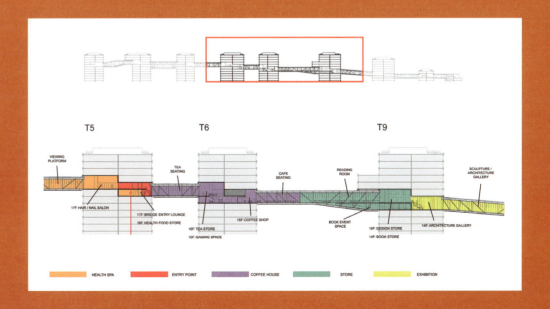

CAPÍTULO 7 | CIDADES SUSTENTÁVEIS: CIDADES COMPACTAS, CIDADES INTELIGENTES | 163

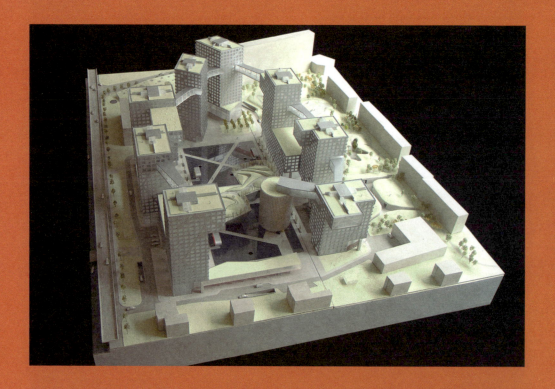

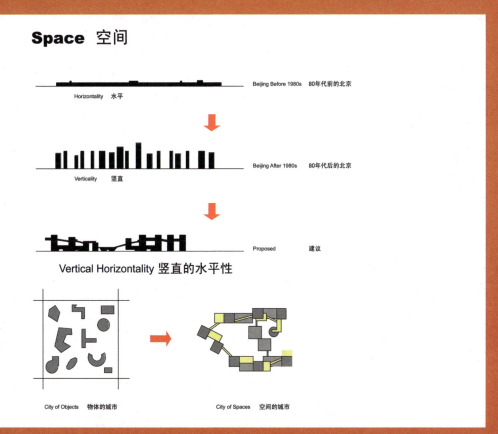

CAPÍTULO 7 | CIDADES SUSTENTÁVEIS: CIDADES COMPACTAS, CIDADES INTELIGENTES | 165

Cidades inteligentes

Pensemos nos carros. Fundamentalmente, eles não mudaram muito desde o pioneiro modelo T de Ford há pouco mais de cem anos. São peças de design projetadas para transportar várias pessoas, atingir altas velocidades e cobrir grandes distâncias. Um típico SUV, por exemplo, chega a ter massa 44 vezes maior do que a do seu motorista. Imaginem a pegada ecológica necessária para a sua construção, além do uso e consumo e de um superado design de ciclo de vida único.

Agora pensemos nas necessidades usuais de um verdadeiro carro urbano. Nas grandes cidades do século 21, a absoluta maioria das viagens é realizada por uma ou duas pessoas. A velocidade média é de menos de 20 km/h. As distâncias são curtas, a necessidade de autonomia de percursos, pequena. O grande problema não se refere ao desempenho do automóvel e sim à falta de lugar para deixá-lo, uma vez que 75% do tempo ele está... parado, estacionado.

Ou seja, as cidades do século 21 precisam de carros *smart*: pequenos, leves, econômicos, movidos a matriz energética limpa e de ciclo de vida contínuo (*cradle-to-cradle design*). Mais que isso: a tendência para o transporte individual nas grandes cidades do futuro (imediato) são carros compartilhados, sob demanda – *mobility-on-demand* –, como os que já vêm sendo desenvolvidos pelo *Smart Cities Lab* do MIT – no Brasil, Jaime Lerner desenvolve um modelo que busca os mesmos parâmetros.

O sistema resolve uma imensa demanda atual: espaço. Teremos, em situações ideais, as ruas liberadas apenas para fluxo, sem espaços urbanos desperdiçados com estacionamento. Com isso, ganham todos, pois as cidades poderão resgatar seus espaços mais essenciais e nobres, os de uso coletivo públicos e privados – onde a vida urbana ocorre com maior vitalidade.

FRANCO VAIRANI.
CITYCAR. MIT SMART CITIES LAB (COORDENADOR: PROFESSOR WILLIAM J. MITCHELL)

Veículos elétricos inteligentes podem ser vistos simplesmente como atraentes produtos de consumo. Mas eles também podem ser combinados com soluções inteligentes de gerenciamento de frota – a precificação dinâmica – para lançar novos tipos de serviços de mobilidade – no sistema sob demanda – que permitem viagens ponto a ponto convenientes dentro das áreas urbanas, permitem taxas de utilização muito mais elevadas dos veículos e que estendem a disponibilidade para aqueles que não podem ou não querem ter seus próprios veículos. Esta categoria de usuários inclui visitantes que geralmente não viajam com os seus veículos, pilotos ocasionais, motoristas que não podem arcar com o custo de propriedade, aqueles que não têm lugar para armazenar um veículo e aqueles que não querem a responsabilidade e o incômodo de propriedade e manutenção.

O CityCar, automóvel elétrico, desenvolvido como protótipo para Cidades Inteligentes, é projetado para atender à demanda por mobilidade pessoal fechada – com proteção de tempo, controle climático e conforto, armazenamento seguro e proteção contra acidentes – da maneira mais limpa e econômica possível. Ele pesa menos de 500 kg, ocupa muito menos espaço do que um carro Smart e é muito mais econômico. Uma vez que a bateria é elétrica, não emite gases.

CAPÍTULO 7 | CIDADES SUSTENTÁVEIS: CIDADES COMPACTAS, CIDADES INTELIGENTES | 171

O Smart Cities Lab, do MIT, projetou cenários para algumas cidades do futuro com a adoção do sistema, e fica evidente o enorme ganho ambiental. Em São Francisco, o sistema de *mobility-on-demand* poderia reduzir para quase zero a emissão de carbono derivada do transporte.

São tendências irreversíveis e, naturalmente, o sistema capitalista se reinventa oportunamente. As cidades do futuro serão inteligentes em diversos aspectos. Uma gestão inteligente do território será capaz de propiciar maior agilidade na gestão integrada *on line* das diversas mobilidades urbanas. Essencialmente, transporte público multimodal ágil e competente, como já há em diversas cidades desenvolvidas, mas também sistemas inteligentes de uso compartilhado de transporte individual, de bicicletas motorizadas a *smart city cars*. Assim, certamente teremos carros não mais como bens de consumo, mas como serviço avançado na sociedade urbana. Deixaremos de tê-lo para usá-lo. Custará menos e será mais eficiente.

Na verdade, as cidades inteligentes atuarão como um sistema de redes inteligentes conectadas. É natural que as contínuas inovações em tecnologia da informação e comunicação propiciem inúmeras revoluções urbanas. Empresas como a IBM (Smarter Cities), Cisco (Connected Urban Development), Siemens e outras já estão desenvolvendo programas e os ofertando às cidades.

As próximas décadas certamente serão do enfrentamento de algumas mudanças fundamentais nos atuais padrões de desenvolvimento – por exemplo, 170 bilhões de Kilowatt-hora são desperdiçados no planeta devido à insuficiência de informações; R$18 bilhões por ano é a perda na economia de São Paulo decorrente de congestionamentos.

A incorporação da gestão inteligente e integrada das informações – já que agora temos a possibilidade de medir, captar e monitorar as condições de quase tudo – faz que pessoas, sistemas e objetos se comuniquem e interajam: 30 bilhões de etiquetas RFID (identificação por rádio frequência) estarão presentes no planeta, em diversos ecossistemas; já existem mais de 1 bilhão de telefones com câmeras; haverá 2 bilhões de pessoas conectadas à internet em 2011; em breve, existirá 1 trilhão de dispositivos conectados (a "internet das coisas").

As cidades inteligentes, as *smart cities*, expressam a necessidade de uma reformulação radical das cidades na era da economia global e da sociedade baseada no conhecimento.

A capacidade de inovação se traduz em competitividade e prosperidade. Alguns parâmetros são fundamentais: presença da nova economia, sistema de mobilidade inteligente, ambientes inovadores/criativos, recursos humanos de talento, habitação acessível/diversificada e *e-governance*, que deverá incorporar sistemas inteligentes e integrados de governo, transporte, energia, saúde, segurança pública e educação.

A democratização das informações territoriais através dos novos sistemas de tecnologia de informação e comunicação favorece a formação de comunidades participativas, além de *e-governance*: serviços de governo inteligente mais ágeis, transparentes e eficientes, através de compartilhamento de informações.

Conforme Jordi Borja, um dos fundadores da Universidade Aberta da Catalunha, a cidade inteligente é aquela que maximiza as conexões possíveis, que multiplica as dimensões positivas de tamanho, densidade e diversidade.

Veículos como o *city car* e outros equipamento urbanos (fixos e móveis), assim como diversos sistemas mecânicos e elétricos dos edifícios, irão incorporar sistemas de robotização especializados que atuarão em redes conectadas que tomarão decisões e responderão inteligentemente às variadas condições dos ambientes em que estão inseridos.

Recursos diversos – particularmente energia e espaço – serão geridos e alocados em modos muito mais sofisticados do que hoje. Os efeitos sobre os padrões de uso do espaço, sistemas construtivos e sua funcionalidade, e as perspectivas de longo prazo na vida urbana são ainda inimagináveis.

Um estudo recente da Siemens (Denig, 2011), em conjunto com a Economist Intelligence Unit, projeta que as cidades inteligentes poderão melhorar positivamente em até 70% da pegada ecológica da humanidade. Londres, por exemplo, tem uma pegada econômica de 3,05 planetas, o que significa que mais de três planetas Terra seriam necessários para apoiar a população do mundo se todos vivessem como um londrino. Tendo em conta que Londres foi classificada em 11º no Europeu Green City Index, imaginemos o potencial aberto para as demais cidades, principalmente as megacidades dos países em desenvolvimento, como as que mais crescem neste início de século.

"A tecnologia verde pode alavancar uma grande transformação no sistema capitalista, pavimentando o caminho rumo à sustentabilidade e promovendo novos padrões de desenvolvimento. Estamos vendo um *boom* de tecnologia verde de US$40 bilhões", explica Patrick Dixon, o fundador e presidente da Global Change.

Os avanços tecnológicos na busca por uma matriz energética sustentável é incessante. Uma das maiores promessas é a chamada Super-rede: construção de sistemas inteligentes unificados de proporções continentais que irão reduzir significativamente as emissões desnecessárias de poluentes responsáveis pelo aquecimento global causadas pela ineficiência na transmissão, distribuição e no armazenamento de energia.

Conforme Al Gore (2009, p. 274): "Assim como os Estados Unidos se beneficiaram com o projeto nacional de um sistema interestadual de rodovias e depois com a super-rodovia da informação, a internet, o desenvolvimento de uma rede inteligente nacional e unificada poderia criar milhões de empregos e reduzir drasticamente as emissões de CO2".

As pessoas serão usuárias dos diversos sistemas e terão, cada vez mais, acesso *on line* a todos os serviços urbanos, do consumo de água à escolha do posto de saúde. Do compartilhamento de *smart cars* à execução de trabalho em lugares flexíveis, espaços sem dono fixo, compartilháveis.

A nova economia está definindo as cidades do século 21. Isso traz implicações significativas no modo que vivemos, trabalhamos e nos movemos nas nossas cidades: "A noção de "cidade inteligente" é inestimável porque compartilha os fundamentos teóricos da sustentabilidade. A cidade inteligente se refere à capacidade de adequadamente servir às necessidades de seus habitantes, o que não é diferente do princípio da sustentabilidade de preencher as necessidades da geração atual". (Briggs, 2005, p. 31).

Diversas cidades têm procurado incorporar em sua gestão a economia do conhecimento avançado. Tim Campbell é um dos mais renomados pesquisadores destas "cidades de aprendizagem" e cita como modelos Bilbao, Seattle e Curitiba.

Em síntese, pode-se considerar a cidade inteligente como o lugar onde as funções básicas da cidade – estabelecer trocas econômicas, sociais e culturais e gerar liberdade de vida e locomoção – são otimizadas por novas formas de tecnologia da informação e comunicação.

Neste sentido, pensaríamos na cidade física como o hardware, e todos os sistemas que a permite funcionar seriam o software: as redes sociais, infraestrutura cultural, bases econômicas, infraestrutura institucional, incluindo os mecanismos de planejamento e político. (Briggs, 2005, p. 39).

Como vimos, as cidades sustentáveis do futuro deverão incorporar a gestão inteligente do território às demandas do desenvolvimento sustentável, mitigando ineficiências das velhas cidades. Mas é importante lembrar que (a) a inteligência para criar a cidade sustentável é primeiro humana e depois tecnológica e não vice-versa e (b) a promessa deve propiciar também a emergência com mais força do chamado urbanismo informal, ou seja, a partir dos territórios informais das megacidades contemporâneas.

O urbanismo informal aparece como um novo processo emergente nas grandes metrópoles contemporâneas no qual práticas de baixo-para-cima (*botton-up*) se replicam e redes sociais e diversos instrumentos de tecnologia da informação e comunicação são oportunidades facilitadoras.

Micropráticas de urbanismo "espontâneo", um microplanejamento que revela *inusitados espaços de encontro construídos em coletividade*, "reorganização de espaços urbanos desperdiçados, vazios ou subutilizados de grandes metrópoles, cria um ambiente urbano melhor e, como resultado, uma vida melhor para a comunidade", como aponta Marcos Rosa (2011, p. 7) em seu recente livro, são situações potenciais para a efervescência de cidades inteligentes a partir dos territórios informais.

Neste sentido, emergem situações, nas megacidades como São Paulo, de *smart informal territories*, como o trabalho conduzido em 2011, Workshop Heliopolis Smart Informal Territories, envolvendo as escolas de arquitetura da Universidade Presbiteriana Mackenzie, da Parsons the New School, Nova York, e a Academia de Amsterdã, além da Secretaria de Habitação de São Paulo, cujo foco do trabalho não é promover mais *urban design* e sim apontar oportunidades de um urbanismo em microescala promovido com os adventos de tecnologia da informação. Como então discutido: o que é uma *smart city* em Heliópolis? A *smart informal city* é aquela em que a integração da tecnologia, tanto *topdown* quanto *bottom-up*, suporta tecido urbano sustentável, igualitário e culturalmente rico.

Ciclo-ruta, Plano de Mobilidade Sustentável, Bogotá

DEPOIMENTOS

Brian McGrath, Parsons The New School for Design, Nova York

O século 21 foi designado como o século urbano pela ONU identificando o planeta tendo passado um ponto fundamental de inflexão: já não somos predominantemente rural. A tendência global de urbanização só aumentará nos próximos anos, à medida que cada vez mais somos uma espécie de cidadãos-moradores urbanos que varia muito em tamanho, densidade e composição. A pegada ecológica inegável resultante desta mudança urbana tornou-se um outro refrão global familiar. Com a percepção de que as formas tradicionais de urbanização desenvolvidas pela sociedade industrial são inadequadas às exigências de mitigação e adaptação à mudança climática ou urbana – a natureza humana ou segunda – ao invés de uma ideia de "vida selvagem" se tornou o campo mais importante dos estudos ecológicos. Soluções para um conjunto tão complexo de "problemas perversos" cercando a rápida urbanização e as mudanças climáticas têm contrariado as áreas tradicionais do pensamento racional e do conhecimento como governança, políticas e planejamento, bem como desenvolvimento orientado a modelos financeiros e de negócios.

O artefato físico de São Paulo localiza tantas dessas questões globais com a sua vasta escala, história profunda e uma vida cultural vibrante. A arquitetura da cidade de São Paulo contém tanto o núcleo jesuíta colonial quanto paisagens remanescentes de Lisboa. A cidade contém uma arquitetura metropolitana que se estende da inspiração francesa da "Belle Epoque" até o surreal início do modernismo "Niemeyriano" do século 20 muito antes de delírio metropolitano de Koolhaas. As migrações em massa e assentamentos informais que tanto caracterizam a cidade contemporânea foram ocupadas há décadas, e agora são cada vez mais enclaves formais de classe média em toda a região. E, finalmente, o carro tem criado uma paisagem "megalopolitana" muito além das "quatro ecologias de Los Angeles" de Banham – montanhas, planícies, praias e autoestradas. Uma ênfase sobre o acolhimento do automóvel tem prejudicado muito a integridade de todas essas condições urbanas – inclusive invadindo as favelas – na ausência das amenidades suburbanas norte-americanas.

Embora tenha havido muita coisa escrita sobre os desafios da era urbana, muito pouca literatura tem ligado as macrotendências na urbanização e no clima global com propostas concretas de reestruturação das cidades aqui e agora. Enquanto novas utopias sustentáveis estão sendo planejadas na China e no Oriente Médio, como vamos reestruturar as cidades que já estão habitadas há séculos? A perspectiva de Carlos Leite a partir de São Paulo oferece um dos exemplos mais extremos do problema de design "perverso" da megacidade, e sua pesquisa global fornece estudos de caso concretos que apontam para um futuro sustentável. Sua tese é que uma cidade sustentável é inteligente, e ele fornece um modelo para um pensamento acadêmico do planejamento estratégico com base em casos em São Paulo, Montreal, Barcelona e São Francisco. Estes casos substanciam uma chamada conceitual para a regeneração urbana através de uma mutação da grande escala da logística da megacidade para os *clusters* interconectados e compactos de inovação baseados no convívio. Enquanto alinhado com as teorias da Classe Criativa de Richard Florida, a verdadeira improvisação das classes criativas de São Paulo, já evidente em pontos importantes como a Vila Madelena, ultrapassará a imaginação provincial de exemplos norte-americano de Florida.

Os exemplos de Carlos Leite de Montreal, Barcelona e São Francisco, portanto, devem ser vistos como apenas esboços ásperos para a urbanismos muito mais diversos, criativos e inclusivos que irão infiltrar cidades como São Paulo nos próximos anos. O que estes casos a partir da oferta de norte ao sul global trazem são métodos de planejamento e projeto que incentivam ao invés de marginalizar a criatividade inata de moradores urbanos. Os métodos que Carlos Leite fornece são aqueles que se dedicam uma ampla gama de atores públicos e privados em reinventar o que a cidade existente pode ser, não através de um plano de renovação urbana generalista, mas por meio de táticas incrementais de um distrito urbano de cada vez.

O que Carlos Leite oferece é uma visão do que chamei em outro lugar a "metacidade" – uma formulação de desenho urbano para além dos limites do pensamento urbano tradicional. É uma cidade inteligente e uma cidade sustentável, porque é embutido com sistemas de "*feedback* cibernético" que permitem aos cidadãos urbanos tomar microdecisões sobre seu bem-estar verificado e equilibrado pelo *feedback* sobre o estado maior dos saldos dos recursos regionais e globais. Tal visão exigirá uma nova atitude de abertura e de respeito mútuo – entre tradicionais adversários competitivos – como bem entre os seres humanos e o meio ambiente. A inteligência para criar a cidade sustentável é primeiro humana e depois tecnológica.

Claudio Bernardes, UniSecovi, São Paulo

A concentração da população do Planeta nos centros urbanos é inexorável. Portanto, a discussão sobre a sustentabilidade das cidades vem em boa hora. Tanto nas cidades de menor porte, como nas megacidades, e ainda nas regiões megametropolitanas que estão em processo de formação sem o devido planejamento, e sem o necessário arcabouço institucional para sua administração, a questão da sustentabildidade tem e terá papel fundamental. Não se pode mais adiar a discussão com maior profundidade das questões relacionadas à sustentabilidade urbana. A sociedade, e em especial a comunidade acadêmica, deve começar a ter de forma clara tanto no planejamento, como na construção e na operação das cidades, as práticas que deverão orientar seu comportamento nas décadas que estão por vir. A correta interpretação dos fundamentos que envolvem o tripé meio ambiente, desenvolvimento econômico e justiça social deverá orientar as corretas práticas sustentáveis, que serão lastreadas principalmente em novos modelos de ocupação urbana.

Elisabete França, Secretária Adjunta de Habitação de São Paulo

Cidades Sustentáveis, Cidades Inteligentes ou There is Alternative

Poucos são os temas que têm despertado tanto a atenção nos debates atuais como o futuro das cidades. Parte considerável das publicações dedicadas à questão urbana apresentam ao leitor prognósticos alarmantes sobre um futuro próximo. As cidades – agora megalópolis – crescem de forma desordenada como consequência das migrações para os centros urbanos. Os novos moradores, sem alternativas de moradia acessíveis, passam a ocupar as áreas precárias, desprovidas de infraestrutura.

E, em algumas dezenas de anos, os porta vozes do fim do mundo, anunciam que o planeta se transformará em uma favela. Nessa perspectiva, qualquer ação com vistas a enfrentar a realidade urbana estará fadada ao fracasso, postura essa comum na academia, que ficou conhecida como *There is no alternative (TINA)*, expressão utilizada por Angotti (2005), quando acusa Mike Davis de promover uma visão anticidade, no livro *Planet of Slums*.

Na realidade, o entendimento do futuro das cidades, como um não futuro, colabora mais para o sucesso da venda de livros do que para a busca de soluções criativas e possíveis para a transformação das cidades, através da ação da arquitetura e do urbanismo produzindo espaços referenciais para a convivência social.

Cidades Sustentáveis, Cidades Inteligentes busca reconstruir a trajetória da construção das cidades, a partir de uma leitura que podemos denominar como *There is alternative (TIA)*. Ao longo do texto, o autor nos apresenta vários exemplos de intervenções que mostram ser possível a transformação de condições urbanas adversas, as quais vêm sendo implantadas em várias cidades dos diferentes continentes.

Experiências como a de Curitiba, premiada pela tradição de décadas de planejamento sustentável, os *clusters* inovadores de Seattle, São Francisco e Boston, e o Plano Nova York Cidade Sustentável, com suas 127 metas a serem alcançadas até 2030, mostram que para aqueles que planejam e projetam o futuro das cidades *There is alternative* e essas alternativas têm colaborado para mudar a face de áreas degradadas da cidade.

O cenário sobre o futuro das cidades apresentado pelo autor traz novo alento para a disciplina urbanística. Em *Cidades Sustentáveis, Cidades Inteligentes*, a cidade é vista a partir do que ela tem de mais atrativo para aqueles que optam por aí viver – a fruição da urbanidade.

O livro retoma o conceito, tão bem definido pelo arquiteto Bogdan Bogdanovic e colaboradores (2010), quando afirma, que desde o século XIV, a urbanidade representa a cortesia, a capacidade de articular, a coerência entre pensamento e palavra, entre palavra e sentimento, e entre sentimento e movimento.

As experiências aqui apresentadas e, mais particularmente, a forma como Carlos Leite as relata, mostram que é possível implantar espaços ou políticas públicas onde ou através das quais é resgatada a função central da vida urbana – a capacidade de permitir acesso a possibilidades de futuro e onde opostos convivem. A cidade contemporânea é complexa, multicultural, desafiadora e atrativa. Nela não há espaço para os antigos conceitos conservadores do urbanismo formal dos séculos XIX e XX.

Cidades Sustentáveis, Cidades Inteligentes faz essa leitura atual da cidade do século XXI e é uma leitura estimulante para os estudantes e jovens arquitetos que aceitam o desafio atual para desenhar as cidades contemporâneas.

Enrique Peñalosa, ex-prefeito de Bogotá

Por que não imaginar uma cidade onde todas as crianças saem de casa em ruas de pedestres?

A cidade não é melhor quando se é rico, mas quando seu povo é mais feliz. Portanto, esforços governamentais e outros não devem se concentrar tanto em tornar as cidades competitivas, mas em fazê-las felizes. E, como bônus, ela será mais competitiva também. Na Era Industrial, o capital foi a fonte de riqueza, subsídios foram dados a fim de atrair investimentos. Agora, na Era Pós-industrial, a fonte de riqueza são as pessoas criativas. Altamente qualificadas, as pessoas podem facilmente obter visto para morar em qualquer lugar do mundo. A alta qualidade de vida é a única maneira de manter e atrair pessoas altamente qualificadas. Alta qualidade de espaços públicos para pedestres são, portanto, fundamental para a competitividade da cidade.

O que nós mais gostamos de ver numa cidade são as pessoas. Precisamos de grandes locais públicos de econtro e desfrutar de pessoas assistindo. Nós, os seres humanos, gostamos de estar com os outros, mesmo que desconhecidos, em praias, shows, restaurantes e, claro, em calçadas e parques. Os parques são um local de encontro não só com a natureza, mas com outras pessoas também. Jan Gehl, um urbanista dinamarquês, constatou que os bancos preferenciais nos parques não eram aqueles mais à frente dos locais mais idílicos, mas os pessoas passavam (Gehl; Rogers, 2010).

Uma cidade para as pessoas. Parece muito óbvio à primeira vista. Ainda, se quisermos fazer isso, teremos de fazer algo muito diferente do que temos feito em todas as cidades, de todo o mundo, particularmente durante os últimos 80 anos.

Josef Barat, Fecomércio, São Paulo

É motivo de grande satisfação contribuir com este depoimento ao livro do Professor Carlos Leite. Trata-se de uma abordagem especialmente motivadora para mim, uma vez que vem ao encontro do que sempre defendi em matéria de desenvolvimento urbano: lidar com aspectos que transcendem a visão convencional de arquitetos e urbanistas sobre as cidades. A meu ver, é sempre bem-vinda a apresentação de uma visão abrangente e multidisciplinar da urbanização, com suas complexas implicações econômicas, sociais, ambientais e obviamente físico-territoriais.

Além disso, é estimulante a abordagem de questões bem atuais, quais sejam a do desenvolvimento sustentável e a da competitividade das grandes metrópoles mundiais. O livro ganha maior dimensão didática, ao examinar três *cases* bem-sucedidos de superação das formas tradicionais de pensar a metrópole: Montreal, Barcelona e São Francisco. São casos em que se consolidou uma visão multidisciplinar e de longo prazo, dando ênfase às grandes mudanças estruturais da metrópole. Além disso, são casos que explicitam como se liderou e induziu a formação de uma *"consciência"* do papel da metrópole na dinâmica de crescimento do país e no aumento das vantagens competitivas na economia mundial, em termos de atividades criativas, ambiente de negócios, serviços, geração de conhecimento e turismo.

Neste ponto, gostaria de explicitar alguns aspectos do meu pensamento – especialmente no que se refere à metrópole paulistana – e de como dele aproxima-se o livro inovador do Professor Carlos Leite. Primeiramente, quanto à globalização e inserção na economia mundial, é sempre importante lembrar que os mercados se ampliam e se globalizam, enquanto grande parte das cadeias produtivas se estrutura em escala mundial. Estas mudanças implicam em novas formas de organização urbana, uma vez que a reestruturação da atividade produtiva (novas cadeias e novas logísticas) faz da metrópole fator crucial da competição, por concentrar conhecimento, informação e capacidade gerencial. A ampliação da diversidade dentro da metrópole, por sua vez, condiciona novas especializações produtivas e cria oportunidades, comportamentos e culturas que irradiam para outros centros urbanos.

Acontece que a capacidade de competir exige qualificação crescente dos recursos humanos, com ampliação da escolaridade, redução de desigualdades e o acesso ao consumo mais diversificado de bens e serviços. Neste sentido, é absolutamente inadiável a introdução de novas formas de gestão urbana, por meio da crescente participação do setor privado e da sociedade civil na definição de rumos da urbanização, visando a um crescimento mais ordenado e sustentável do ponto de vista ambiental, social e econômico. Ou seja, trata-se de introduzir mudanças profundas nas funções tradicionais do Governo, dando ênfase maior: (i) ao planejamento e à coordenação de iniciativas; (ii) à universalização de estágios mais avançados da educação; (iii) ao apoio ao desenvolvimento tecnológico; (iv) às parcerias público/privadas; (v) à regulação de concessões; e (vi) ao provimento das infraestruturas não passíveis de concessão.

Trata-se, sem dúvida, da formulação de uma agenda de grande complexidade, cujos desdobramentos se traduzirão em maior competitividade da metrópole e de seu entorno. Sabe-se que, no contexto da economia globalizada, as metrópoles mundiais disputam acirradamente a localização dos novos investimentos, em especial centros de decisão e de difusão de conhecimento. Os fatores determinantes de localização na economia tradicional (*vantagens comparativas* de recursos naturais, mão de obra e economias de aglomeração) são substituídos por novos requisitos. Estes são os das *vantagens competitivas* das metrópoles na economia globalizada: (i) mão de obra qualificada, para apoiar empreendimentos intensivos em conhecimento e tecnologia; (ii) infraestruturas eficientes de saneamento, transporte, energia, telemática, entretenimento e lazer; (iii) apoio às novas logísticas de abastecimento e escoamento da produção em função das novas formas de integração das cadeias produtivas; (iv) instituições sólidas nas áreas científica, tecnológica e cultural; (v) setores com alta tecnologia e grande capacidade competitiva que permitam alavancar a produtividade nacional; (vi) capacidade de gerar produtos e serviços diferenciados para mercados segmentados; (vii) economias de escala e presença de aglomerados (*clusters*) altamente especializados e concentrados no espaço metropolitano.

Um aspecto importante do livro do Professor Carlos Leite, portanto, é o da abordagem dos aglomerados e *clusters*, uma vez que são o suporte para mudanças na base tecnológica e nos processos organizacionais das empresas, gerando novas concentrações geográficas de fornecedores, produtores, distribuidores e outras atividades de apoio. São as metrópoles que viabilizam as estruturas de produção horizontais com sistemas descentralizados exigindo a proximidade geográfica entre produtores, fornecedores e clientes. Simultaneamente, propiciam a evolução para cadeias produtivas integradas em escala internacional. É este entrelaçamento que induz o surgimento de novos polos integrando atividades de produção, serviços especializados de apoio à produção (engenharia, consultoria, software, indústria criativa – moda, entretenimento e lazer, etc. – entre outros). Portanto, é necessário lidar com uma realidade que envolve tanto o fortalecimento do ambiente favorável aos negócios em setores de alta tecnologia, quanto o estímulo às atividades tradicionais.

Por fim, é importante a menção à questão das desigualdades, pobreza e inclusão social. As alterações na lógica da produção decorrente da abertura dos mercados e da revolução tecnológica e o incentivo ao consumo, se de um lado estimulam a criatividade e a geração de renda, de outro impõem padrões de consumo não acessíveis a todos, reforçando o sentimento de exclusão. Gera-se então uma nova pobreza concentrada nas grandes metrópoles. À tradicional dualidade centro/periferia acrescenta-se a exclusão decorrente da lógica da globalização, que repercute no espaço urbano de forma dramática, pela ocupação predatória do solo e degradação acelerada do ambiente.

Este é um ingrediente a ser considerado em novas visões do planejamento urbano. Ou seja, como tornar a metrópole um forte centro irradiador de conhecimento, cultura e criatividade, sem levar em conta a dimensão metropolitana da pobreza. É sempre oportuno lembrar que ela se traduz: (i) pelo aumento de favelas e cortiços; (ii) pela ocupação e invasão de áreas públicas e privadas; (iii) pelos déficits crescentes de serviços públicos nas periferias metropolitanas; e (iv) pelo aumento nos índices de violência e criminalidade.

O livro do Professor Carlos Leite traz uma valiosa contribuição para a formulação desta agenda inovadora e complexa, tão necessária à reflexão sobre o futuro e à promoção do desenvolvimento de São Paulo, nos seus aspectos humanos, ambientais e econômicos. Necessária, também, para estabelecer compromissos duráveis entre os interesses público e privado, bem como para formar uma sólida consciência urbana.

Júlio Moreno, Jornalista, São Paulo

A cidade e sua circunstância

A sustentabilidade é um desses conceitos politicamente corretos que entraram nas últimas décadas no vocabulário internacional. Virou, inclusive, uma das Metas do Milênio estabelecidas pela ONU.

No início, o conceito era sintetizado como o ideal de um desenvolvimento baseado na conciliação do crescimento econômico com a preservação da biodiversidade. "Um desenvolvimento que satisfaz as necessidades do presente sem comprometer a capacidade das futuras gerações para satisfazer as próprias", conforme definição da Comissão Mundial do Meio Ambiente e do Desenvolvimento, de 1987. Por sua dimensão, algo a ser alcançado em escala global ou nacional.

Hoje, a sustentabilidade tem uma amplitude maior, envolvendo a articulação daquele ideal com o contexto de uma sociedade global baseada na produção industrial e na informação. Uma sociedade cada vez mais urbanizada. A vida depende de ecossistemas e as cidades não deixam de ser "tecnossistemas" que devem conviver em harmonia com o meio ambiente, segundo a UN-Habitat, agência da ONU que cuida dos problemas urbanos. O que significa que a sustentabilidade é também um processo de mudanças a ser perseguido em escala regional ou local.

No entanto, há muito o que se fazer para conciliar uma "agenda verde" com a "agenda marrom" que movimentou e ainda movimenta a maioria das cidades. A dificuldade é ainda maior, naturalmente, quando trata-se de uma cidade inserida numa região metropolitana. Sua sustentabilidade está diretamente relacionada ao restante do corpo da metrópole – e vice-versa. Parafraseando o filósofo espanhol Ortega y Gasset, podemos dizer que "a cidade é ela e sua circunstância. Se não salva a esta, não se salvará a si".

Mike Jenks, Oxford Brookes University

Uma forma urbana sustentável?

Apesar das diferenças entre países e regiões, há um grau de consenso sobre uma forma urbana polinucleada como uma forma possível e relativamente eficaz para alcançar o desenvolvimento sustentável. Isso não é surpreendente, dado que a maioria dos núcleos da cidade são densos e, muitas vezes superlotados, e que o crescimento está se espalhando tão rapidamente na periferia.

Este tipo de forma urbana pode ter inúmeras características diferentes, tais como a intensificação (ou densificação) de áreas de baixa densidade, particularmente em torno dos nós de transporte (como zonas de desenvolvimento de trânsito), o desenvolvimento denso ao longo dos corredores de transporte (uma forma linear) e

novos desenvolvimentos ligados por transporte público eficiente (modelo de "descentralização concentrada"). Formas desse tipo estão começando a encontrar seu caminho em políticas públicas e têm sido implementadas na prática. Elas oferecem o potencial para alcançar uma rede de cidades compactas na região metropolitana, e podem ajudar a racionalizar as megacidades emergentes. Mas, é claro, isso é uma generalização muito ampla, e, embora a tendência possa estar nessa direção, não é uma panaceia universal; muitas influências e diferenças precisam ser consideradas.
(Texto enviado pelo autor a partir de Jenks e Burgess (2000, p. 86).)

Pedro Sales, Escola da Cidade, São Paulo

Musil (2006), pelo início meteorológico de seu *homem sem qualidades*, sugeria que as variáveis concorrentes para a eclosão da Primeira Guerra Mundial, de tantas e intempestivas, só puderam ser determinadas *a posteriori*. A mesma sobredeterminação permearia as mudanças nas cidades.

Por que São Paulo não consegue implementar projetos de redesenvolvimento de áreas centrais parece questão logicamente simétrica, mas invertida. Haveria que se esperar tais projetos se efetuarem para saber das conjunções que os determinaram ou que, portanto, as impediam? Ou, seria possível, desde já, encontrar nas condições negativas da história (no sentido de resistência à mudança) as razões da suposta inércia ou incapacidade?

A analogia com casos barceloneses, montrealinos ou san-franciscanos não evidenciaria antes diferença de natureza em vez de diferença de grau? Ou seja, as relações entre as condições do capital, do solo e do trabalho na capital paulista não seriam genealogicamente diversas daquelas presentes nos diferentes mundos?

Há uma desconexão estrutural entre as grandes empreiteiras e suas obras, o mercado e seus interesses, de um lado, e, de outro, as políticas públicas e seus instrumentos tanto de viés conservador, quanto mais progressista.

Falta, consequentemente, um saber acumulado, tecnicamente pertinente, o que ou bem está ligado às soluções urbanísticas, questões de ordem diversa, mais amplas, externas e independentes do urbanismo em si como disciplina e itinerário coletivo, ou bem se reduz a imagens acabadas de cenários futuros.

Inexistem condições de construção – de devir – de itinerários coletivos – pois sobram estratégias patrimonialistas, mercantilistas, exclusivistas, individualistas, que só avançam um lado, o seu próprio, deixando para trás o que não pode ser altamente monetizado) – e assim não se faz urbanismo, nem no centro, nem na periferia.

Renata Semin, Piratininga Arquitetos, São Paulo

A reabilitação da área central da nossa cidade só pode ser sustentável. Para tanto, exige que as instituições do poder público e as de representação da sociedade civil atuem de forma articulada e convergente num arranjo institucional fluído e renovado quanto aos seus respectivos paradigmas. Esta reabilitação pressupõe enfoques inovadores, aprendidos com as experiências anteriores e preparados tecnicamente para enfrentar e gerir situações futuras ainda desconhecidas.

Dentre as diretrizes para um processo de reabilitação de área central estão necessariamente a recuperação do potencial da paisagem cultural urbana e do patrimônio histórico, a oferta e a manutenção de espaços e equipamentos públicos – existentes renovados e novos criados – para uso inclusivo e a aplicação dos dispositivos da tecnologia contemporânea para monitorar e planejar com inteligência e consequência. Com a rearticulação destes elementos urbanos de forte carga simbólica, se (re)estabelecem referências ambientais para atrair e fixar a população para o uso habitacional, decisivo para a fértil dinâmica urbana. Para a realização desta ação, a adoção do conceito de alta densidade populacional é ponto-chave no sentido de intensificar o uso da área central.

Na área central detectam-se características específicas que levam a identificar setores diferenciados e, por isto, propor intervenções estratégicas, não apenas setoriais, mas também transversais para a irradiação entre os setores.

Considerando o conjunto construído na área central, uma das principais ações é a seleção adequada de imóveis (edifícios ou terrenos) para uso residencial para atender às diversas condições socioeconômicas da população interessada. Soma-se aos edifícios para uso residencial, a recuperação de espaços e edifícios públicos existentes, de modo a criar as condições para intensificar seu uso. Outra ação com repercussão é a recuperação e/ou implantação dos percursos de ligação entre os espaços públicos de valor histórico, cultural, paisagístico, os edifícios públicos, as zonas de comércio e os pontos de transporte público com ênfase na melhoria das condições de mobilidade do pedestre. E esta proposição de ações para reabilitação é apenas indicativa de um sistema a ser aprofundado.

Identificar e caracterizar a situação vigente e real para compreendê-la leva a enfrentar integral e integradamente o sistema de tramas indissociáveis que compõem o tecido urbano. A leitura por tramas é um método e um meio para o entendimento deste tecido geofísico (geomorfologia, redes de infraestrutura, sistema viário e edificações) e social (identidade cultural, educação, capacidade de geração de trabalho e de renda, saúde e mobilidade). É este tecido, em suas plenas dimensões, que passará a constituir a paisagem cultural da cidade de São Paulo no século XXI.

Richard Florida, University of Toronto

É uma noção atraente, mas é errado. Hoje os principais fatores econômicos – talento, inovação e criatividade – não são distribuídos uniformemente em toda a economia global. Eles se concentram em locais específicos. É óbvio como as principais inovações em comunicações e transportes permitem a atividade econômica se espalhar por todo o mundo. O que é menos óbvio é o incrível poder do que eu chamo de a força de *clustering*. Na economia criativa de hoje, a verdadeira fonte do crescimento econômico vem da aglomeração e concentração de pessoas talentosas e produtivas. Novas ideias são geradas e nossa produtividade aumenta quando nos localizamos perto um do outro nas cidades e regiões. A força de *clustering* torna cada um de nós mais produtivo, o que, por sua vez, faz com que os lugares que habitamos sejam muito mais produtivos, gerando grandes aumentos na produção e riqueza.

Por causa da força de *clustering*, cidades e regiões se tornaram os verdadeiros mecanismos de crescimento econômico. Não é de se admirar que estes locais continuem a se expandir. Hoje, mais de metade da população mundial vive em áreas urbanas. Nos Estados Unidos, mais de 90% de toda a produção econômica é proveniente de regiões metropolitanas, enquanto que apenas as cinco maiores regiões metropolitanas respondem por 23% dela. Cidades e seus corredores metropolitanos estão se transformando em maciças megarregiões, abrigando dezenas de milhões de pessoas e produzindo centenas de bilhões e, em alguns casos trilhões, de dólares em produção econômica. O lugar continua a ser o eixo central do nosso tempo – mais importante para a economia mundial e as nossas vidas individuais do que nunca.

(Texto enviado pelo autor, extraído de Florida (2008, p. 9).)

Roberto de Souza, CTE, São Paulo

O desenvolvimento sustentável é sem dúvida o novo paradigma econômico para o futuro da humanidade. Como o futuro já é e será cada vez mais urbano, as cidades deveriam se apropriar dos conceitos do desenvolvimento sustentável nas suas dimensões econômicas, ambientais e sociais.

São Paulo não consegue implementar projetos de redesenvolvimento de áreas centrais obsoletas porque o poder público não tem maturidade para incorporar os conceitos de sustentabilidade em sua gestão e os transformar em políticas de desenvolvimento urbano. Creio que só vamos superar esta debilidade com a participação efetiva do setor privado, das universidades, dos profissionais de planejamento e dos movimentos sociais nas diretrizes e no monitoramento da gestão urbana.

Saskia Sassen, Columbia University / Urban Age, London School of Economics

Como ficou evidente na conferência da Urban Age, as tendências das novas cidades globais emergentes do hemisfério sul vivenciam as tendências, agora familiares, do norte: número crescente de muito-ricos e de muito-pobres, juntamente com uma expansão das antigas classes médias, empobrecidas.

O que diminuirá nessas cidades serão as classes médias modestas e os setores econômicos de lucros modestos que já tiveram importante presença nessas cidades e que constituem fatores críticos para a economia urbana, já que as respectivas rendas seriam, provavelmente, inteiramente gastas na economia da cidade. Sua presença representaria uma resistência embutida às reformas espaciais e sociais das cidades ao longo das classes sociais extremas.

Finalmente, meu cenário mais pessimista seria de que já existe a semente de um conflito no próprio espaço urbano, em parte devido à supervalorização e ao deslocamento com as respectivas políticas de alocação de espaços. Em algumas cidades, como, por exemplo, Nova York e Los Angeles, isto se exprime como uma pequena criminalidade difusa e com um aumento da violência entre os desprivilegiados. Em outras cidades, tanto nas europeias quanto nas Xangais emergentes, isto se expressa como novos tipos de racismo, que podem levar à violência física. Em outras, talvez São Paulo ou Rio de Janeiro, sua expressão mais extrema toma forma de guerra urbana, esporádica, incluindo a guerra nos espaços das prisões.

Em minha opinião, precisamos urgentemente inovar na fronteira da governança urbana. As velhas táticas burocráticas não funcionam mais. Esta é uma era urbana totalmente nova com sua parcela de potenciais positivos e sua parcela de misérias. Nas cidades, nossos desafios de governança se tornam concretos e urgentes. Os países podem continuar a conversar, mas as lideranças urbanas precisam agir.

PARTE II
CASOS

O problema comum: como reinventar os vazios urbanos centrais gerando clusters inovadores, cidades compactas e mais sutentáveis

Os quatro casos discutidos a seguir focam o mesmo problema: a necessidade de regeneração urbana e reestruturação produtiva de áreas metropolitanas deterioradas de localização central, dotadas de centralidade, memória urbana e infraestrutura preciosa.

São quatro territórios que buscam a reinvenção da metrópole, a construção da cidade dentro da cidade, a otimização das estruturas existentes para gerar uma cidade compacta. Há sempre o papel protagonista das infraestruturas urbanas no redesenvolvimento urbano: a oportunidade estratégica de as estruturas de transporte e as preexistências edificadas reciclarem o território.

Montreal começou a desenvolver o projeto Cité Multimédia nos anos 1998: um território de 20 hectares transformado num *cluster* de tecnologia da informação e comunicação (TIC) na cidade canadense, que já possuía tal vocação. Na verdade, a remodelação dos Ateliers Angus gerida pela Canadian Pacific Railway Company definiu muito mais do que um padrão no Canadá. Ela demonstrou que um grande território industrial urbano contaminado (93 hectares de *wastelands*) poderia ser trazido de volta à vida e proporcionar benefícios para a comunidade, a cidade e o proprietário do terreno.

Barcelona promove a reestruturação da antiga área industrial de Poblenou, 200 hectares sendo transformados na contemporânea Barcelona 22@, autoproclamada, desde seu início, em 2000, no Vale do Silício europeu, um conjunto de *clusters* da nova economia.

São Francisco iniciou, em 1998, o redesenvolvimento do território de Mission Bay, 122 hectares de antigos usos industriais, ferroviários e portuários sendo transformados em um novo bairro contíguo ao centro da cidade através da implantação propulsora de um *cluster* de biotecnologia ligado ao novo campus da Universidade da Califórnia em São Francisco.

Existem em comum dois fatores essenciais no sucesso dessas transformações: planejamento e gestão eficientes, contínuos e de longo prazo e implementação de agências de redesenvolvimento urbano-econômico específicas.

O outro caso é o território de 115 hectares da Operação Urbana Diagonal Sul, na Orla Ferroviária de São Paulo. Como se sabe, infelizmente ainda não foi implementado no Brasil nenhum projeto urbano de grande porte para a necessária regeneração de nossas metrópoles. Este caso apresenta-se como relevante, entretanto, por tratar-se da mais extensa operação urbana oficialmente delimitada pelo poder público no Brasil. Em vias de ser iniciada, após anos de debates e de estudos realizados, seja no âmbito de consultorias profissionais, de agentes públicos ou na academia, esta operação é objeto de meus estudos acadêmicos e profissionais desde 2002.

O problema a investigar

Quais as possíveis conclusões geradas a partir da correlação – pouco explorada até o momento – entre a dimensão urbana e os efeitos dos "novos arranjos produtivos locais"?

Como estratégias criativas para reconfigurar a dimensão urbana e o desenvolvimento ambiental sustentável podem ser geradas a partir dos novos formatos de desenvolvimento local – ambientes inovadores e *clusters* urbanos?

Qual é o impacto dos processos inovadores de reestruturação produtiva e regeneração urbana, sendo os *clusters* potenciais instrumentos de desenvolvimento econômico local (DEL) nas estratégias de políticas públicas e projetos urbanos sobre vazios metropolitanos (áreas em processo de reestruturação produtiva)?

As questões emergentes dos casos

Interdisciplinaridade: busca por semântica comum e definições precisas ao se trabalhar em campo multidisciplinar.

O problema urbano: estudos de caso só são válidos pela problemática semelhante, e não pela "importação de modelos".

O território específico: vazio urbano central, área em processo de desindustrialização e reestruturação produtiva.

A vocação da região: precedentes e história prévia fazem a diferença.

O projeto urbano: um processo, uma estratégia integrada (urbanismo e desenvolvimento local).

Inovação e tecnologia: os condicionantes necessários são infraestrutura e acessibilidade.

Inovação e capital humano: são condicionantes necessários elementos geradores de capital humano criativo.

A presença de agências de desenvolvimento urbano específicas garantindo a continuidade dos projetos urbanos.

Argumentos para debate

Ambientes inovadores, reestruturação produtiva e projetos de regeneração urbana: e São Paulo?

DEL + *clusters* inovadores: predominância de empregos altamente especializados.

Gentrificação do território: risco de transformação radical, substancial aumento do valor da terra.

São Paulo: potencial de inserção na rede de "cidades globais" x imensas dificuldades locais (acumulação de competências, processo social que impulsione o DEL).

Nossas metrópoles podem gerar eficiência, diversidade e inovação, portanto podem impulsionar a reestruturação de seus vazios urbanos através de *clusters* inovadores. Porém, isso deverá ocorrer a partir de modelos próprios.

CLUSTERS URBANOS & DESENVOLVIMENTO SUSTENTÁVEL

Projetos urbanos de regeneração urbana e reestruturação produtiva em vazios urbanos

Cidades inovadoras: concentração

Cidades compactas: maior sustentabilidade

Cidades inteligentes: talento, tolerância e tecnologia: inovação

Crescimento econômico inovador: nova economia nas cidades

Cidades que inovam se reinventam

A ORLA FERROVIÁRIA DE SÃO PAULO (DIAGONAL SUL)

Projetos Carlos Leite e equipe I 2002-2010

As novas dimensões que operam na fábrica urbana contemporânea – sua fragmentação, retalhamento e desarticulação, os terrenos vagos, a fluidez e a rede de fluxos – estão todas presentes no território da orla ferroviária paulistana.

A Orla Ferroviária na Região Metropolitana de São Paulo configura-se como o território ao longo da linha férrea, iniciando no bairro da Lapa, na Zona Oeste da cidade de São Paulo, passando pela região central (Moinho Central e Luz) e pela região Sudeste (Brás, Mooca e Ipiranga) até o ABC (ao longo do eixo ao longo do rio Tamanduateí).

Antiga linha férrea Santos-Jundiaí no início do século 20, este corredor estabeleceu-se como o vetor principal da industrialização pesada - predominantemente automotiva - no Brasil em meados do século.

Como tantas metrópoles industriais mundiais, no final do século 20 estes imensos territórios industriais entraram em declínio e desocupação devido às fortes transformações da economia pós-fordista e à inserção dessas cidades no ciclo produtivo de serviços avançados.

Em São Paulo, este território em transformação configura-se como a última oportunidade de construção de território metropolitano articulador, que poderia e deveria ser visto como oportunidade ímpar de se construir uma cidade linear.

Após alguns anos de hesitação, o último Plano Diretor da cidade estabeleceu formalmente este território como duas Operações Urbanas: Diagonal Sul e Diagonal Norte.

Este trabalho apresenta proposta para o território da Operação Urbana Diagonal Sul.

As mudanças recentes geradas pela passagem da cidade industrial para a metrópole pós-industrial produziram um retrato cruel neste território. Com o esvaziamento da ocupação industrial, a ferrovia perdeu muito de sua função. A falta de incentivo claro à malha ferroviária paulistana como sistema de transporte público eficiente e integrado ao metrô colaborou decisivamente para esse esvaziamento de importância. Sua decadência, nas últimas décadas, representa também a desqualificação espacial de suas bordas. Tem-se então um território fragmentado e descaracterizado. As estruturas que definiram a sua ocupação e consolidação, os terrenos vagos, hoje representam a sua obsolescência.

Concomitantemente, está presente no vazio urbano a expectativa do novo. As descontinuidades urbanas oferecem uma nova possibilidade de projeto articulador. Este território – pela sua escala e dimensão potencial no tecido metropolitano – surge como a última possibilidade de construção de uma territorialidade metropolitana: a chance da configuração de um novo território central público, de significado plural e função social.

Uma proposta de intervenção para um trecho da orla ferroviária paulistana: um eixo linear de 12,6 km de extensão (115 ha), do Moinho Central, na Barra Funda, à Estação Mooca. A estratégia organiza-se em quatro matrizes urbanas complementares:

1. Infraestruturas: reutilização das infraestruturas e das estruturas urbanas históricas presentes no território como condições de campo existentes, insumos projetuais, por meio de modernização do sistema ferroviário e sua transformação em metrô de superfície; modernização das estações existentes e criação de novas estações; reativação do patrimônio existente (edifícios históricos, galpões e moinhos permanecem como testemunhos da memória desse território e devem receber usos e programas atuais); recapacitação da área industrial em processo de reconversão por uma nova indústria de base tecnológica e unidades produtivas do tipo *clusters* industriais; recuperação do rio Tamanduateí e sua utilização como meio de transporte de curta distância para cargas e lixo.

2. Fluxos: combinação de projetos para o sistema de transportes (viário, de pedestres e coletivo) que resultem na otimização dos fluxos no eixo metropolitano; incentivo à intermodalidade entre os modos de transportes (rodoviário, metroviário e ferroviário); maior acessibilidade ao território (transposição transversal da ferrovia); continuidade do tecido urbano, permitindo a existência de uma rede de fluxos contínua do novo território com as suas bordas existentes e preconfiguradas; criação de uma "linha inteligente" enterrada (fibras óticas e canais de fluxos informacionais) junto à linha férrea, que possibilite o desenvolvimento dos novos programas, principalmente da nova indústria metropolitana.

A orla ferroviária atualmente. Visão geral a partir do Brás.

3. O eixo verde: ao longo de todo o território, junto à ferrovia, surge um eixo verde, um parque linear metropolitano, e um conjunto de parques urbanos é proposto em pontos que se apropriam dos vazios mais significativos e se articulam aos equipamentos já existentes na área lindeira. Sempre que possível, deverá ocorrer a maciça presença da água, com linhas, faixas e grandes espelhos d'água para a captação das águas pluviais, contenção do fluxo de águas fluviais e alternativa aos atuais "piscinões" subterrâneos.

4. Bordas urbanas: implementação de habitação coletiva de interesse social, a "cidade para todos", nas franjas urbanas e junto ao parque linear. As tipologias habitacionais devem ser variadas e flexíveis. De modo geral, propõe-se o desenvolvimento de lâminas habitacionais de densidade média e grande altura, justificando a sua implantação junto ao parque linear: 1.298.500 m^2 de área construída, 23.084 unidades, 67.810 moradores, densidade demográfica de 589 habitantes por hectare.

A orla ferroviária atualmente. Pátio do Pari.

Zoom: Mooca

O ensaio projetual desenvolvido para este território recai sobre a área da antiga linha férrea Santos-Jundiaí, no seu trecho central, do Moinho Central (Barra Funda) à Estação Mooca.

Na orla ferroviária, a área da Mooca/Antarctica constitui um terreno vago típico: um antigo pátio industrial de 200.000 km^2, em grande parte desocupado.

A estratégia foi resgatar a presença do vazio urbano com um grande parque com programa público e a ocupação das bordas é oferecida à iniciativa privada. Uma grande esplanada de 400 metros corta o território e conecta as estações de trem e VLP com comércio e lazer em seu interior. Os antigos edifícios históricos do complexo industrial da Antarctica são reciclados e recebem programa cultural. Nas bordas, foi proposta uma ocupação residencial de grande densidade e verticalidade acentuada, sobre bases comerciais e de lazer. Em resumo: no terreno vago, propõe-se o silêncio, o parque com as conexões infraestruturais, enquanto nas bordas emerge a habitação coletiva de alta densidade.

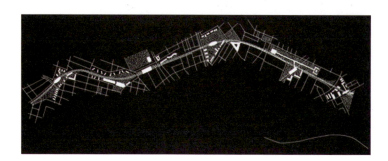

A estratégia urbanística estabelece as condições para a construção do novo território metropolitano e o prepara para receber os diversos programas urbanos e arquitetônicos através da sobreposição das matrizes espaciais: infraestruturas, fluxos, eixo verde, bordas urbanas.

As bordas urbanas recebem os novos programas adequados à dinâmica da metrópole contemporânea: clusters *produtivos e habitação com uso misto em densidade alta (589 habitantes por hectare) que possibilite a desejável compactação do território, otimize o uso de suas infraestruturas e promova assim uma maior sustentabilidade urbana.*

Zoom: Mauá

No caso da cidade de Mauá, zona sudeste da metrópole, a estruturação urbana é fortemente determinada pela evolução da indústria, que chegou à região do Grande ABC, e, paralelamente, pela presença da antiga Ferrovia Santos-Jundiaí.

Seu núcleo urbano central, instalado historicamente junto à estação ferroviária, com a evolução da cidade foi engolido pela presença maciça da indústria e da ocupação comercial e residencial a partir da década de 1950.

Aquele centro histórico típico, configurado pela presença da Igreja Matriz, da estação central e da praça principal (22 de Novembro), hoje se apresenta como um nó urbano de extrema complexidade. Os espaços residuais foram preenchidos pelo comércio informal, o antigo espaço público foi parcialmente tomado pela presença inconveniente do terminal rodoviário, e um fluxo peatonal imprevisível surgiu sem a devida organização espacial. Do outro lado da ferrovia, surgiu um novo polo de atividades públicas, determinado pela presença da modernidade: sob diretrizes gerais constantes do Plano de Renovação Urbanística de 1975, de Vilanova Artigas, foi implantado o Paço Municipal e, mais recentemente, o Teatro Municipal.

Artigas, além de estudar cuidadosamente o problema dos fluxos urbanos e propor importantes transposições da ferrovia que cortava o núcleo histórico da cidade, desenvolveu o plano do novo Paço Municipal congregando vários equipamentos públicos em torno de um parque urbano. Infelizmente, o projeto foi apenas parcialmente implantado, ficando para trás importantes propostas, como as diversas travessias da ferrovia e os desenhos urbano e paisagístico do parque.

O diagnóstico da situação hoje é de visível desarticulação territorial, em um nó urbano de enormes fluxos e atratores públicos.

O projeto urbano surge a partir de uma estratégia geral clara: a rearticulação do território fragmentado e a implementação de um processo de *refuncionalização* urbana, recuperando algumas diretrizes importantes do plano de Artigas. Procura-se liberar o chão urbano com maior flexibilidade, ao mesmo tempo em que se lança mão de um novo elemento estruturador que conecta as diferentes partes do território.

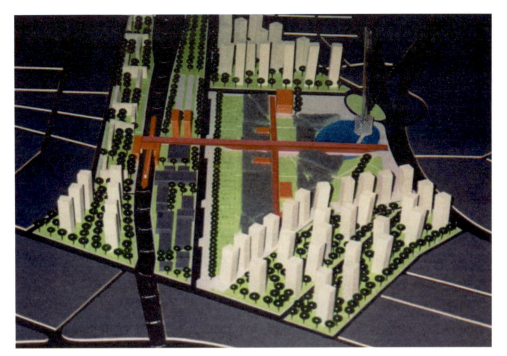

Intervenção na orla ferroviária, Zoom 1, Mooca-Antarctica.

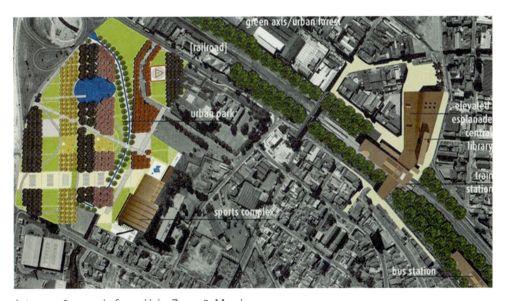

Intervenção na orla ferroviária, Zoom 2, Mauá.

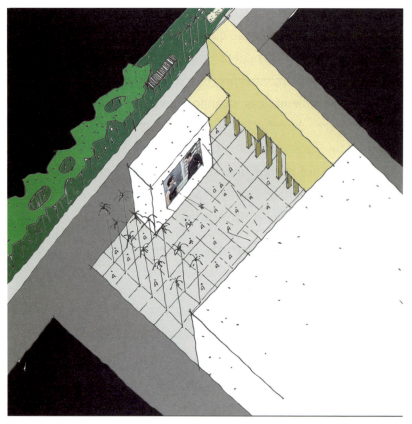

Intervenção na orla ferroviária, Zoom 2, Mauá, exemplo de equipamento urbano, cinema aberto.

As intervenções exitosas no exterior têm mostrado possibilidades de enfrentamento de problemas comuns às grandes metrópoles pós-industriais, principalmente no reaproveitamento sustentado dos seus vazios urbanos. Atividades econômicas voltadas para os setores da informação e comunicação, mas vinculadas à vocação do território, com novos valores locacionais aliados a políticas de desenvolvimento econômico e urbano local e a gestão urbana eficiente, podem contribuir para a redução do quadro de esvaziamento produtivo de áreas centrais a partir da reutilização dos espaços vagos, combatendo a perda de vitalidade do tecido urbano. Ou seja, é promovido o desejável redesenvolvimento urbano sustentável.

A proposta é criar uma estratégia de intervenção urbana, montar um programa factível e lançar cenários possíveis para a reurbanização deste imenso território disponível. A estratégia central está na garantia de uso coletivo, para toda a cidade, dos elementos estruturadores centrais: o sistema de mobilidade a partir do leito ferroviário e o eixo ambiental de águas e verdes, ou seja, o rio e suas várzeas. Assim, garantindo o uso coletivo deste eixo central com a construção de uma imensa marquise aberta elevada de 4 km de extensão que conecta os dois lados do eixo rio/ferrovia, estabelece-se uma cidade linear pública e lança-se uma nova possibilidade de convivência desses elementos urbanos que, em São Paulo, foram renegados a fundos da cidade, cicatrizes problemáticas, quando, na verdade, podem configurar elementos de desfrute e prazer do cidadão na urbe. Garantidos os elementos estruturadores que configuram uma cidade mais sustentável, mobilidade eficiente, qualidade ambiental, além do uso misto e diversificado, inclusive em termos de habitação coletiva de maior acessibilidade social, se poderia estruturar uma ocupação factível aos atores urbanos que sempre constroem a cidade, o mercado.

Este projeto assume o desafio de trabalhar nas cidades existentes, reutilizando infraestruturas em vez de substituí-las ou negá-las, e propõe:

- A criação de uma agência de desenvolvimento local para operar e gerir as intervenções na Diagonal Sul.

- A implantação de uma parceria público-privado que permita a continuidade de um projeto urbano para a reorganização dos territórios obsoletos ao longo da Operação Urbana Diagonal Sul.

- Atração de investimentos dos agentes imobiliários para o desenvolvimento de um novo bairro sustentável.

- Desenvolvimento de mecanismos específicos de incentivos fiscais para deter o declínio da fábrica urbana em antigos territórios industriais, encorajando novos desenvolvimentos e incluindo a combinação de uma vasta gama de utilização do solo, em equilíbrio com seu entorno.

OS POTENCIAIS RETORNOS PARA A CIDADE

IPTU (imposto predial)	R$ 75 milhões
Novos empregos e novo moradores (IR e outros)	R$ 120 milhões
ISS	R$ 140 milhões
Aumento de produtividade de indústrias transferidas	R$ 75 milhões
TOTAL	R$ 410 milhões
Receitas fiscais da fase de construção/desenvolvimento do PU	R$ 150 milhões
Vendas de CEPACs	R$ 500 milhões

UMA CIDADE DENTRO DA CIDADE – OBJETIVOS

Criar nova qualidade em espaços públicos.

Propor *joint-ventures* entre poder público e setor privado para estimular a limpeza das áreas contaminadas (*brownfields*).

Promover a construção de equipamentos públicos de significado simbólico para a região e de intenso uso social.

Promover inclusão social e uma cidade de território mais democrático, cujo uso do solo seja de todos.

Aumentar os investimentos públicos (municipal, estadual e federal).

Atrair e articular investimentos público, privado e institucional.

Assegurar a sustentabilidade de todas as ações integradas (organizacional e financeira).

Gerar um padrão global includente de regeneração urbana.

Reabilitar os dois principais elementos de estruturação urbana: rio/águas e linha férrea.

Propor novas configurações no uso do espaço.

Solicitar a criação de novas soluções para a geração de emprego e renda.

Dinamizar os ativos urbanos da área.

Melhorar as condições de circulação e de distribuição de bens e serviços.

Gerar regras claras na gestão urbana do território novo.

Gerar segurança jurídica institucional que permita aos diversos *players* desenvolverem seus papéis do desenvolvimento urbano.

O projeto geral da Orla Ferroviária, de 2002, é de autoria de Carlos Leite e pode ser visto de forma completa em seu doutorado junto à FAU-USP.

O projeto Zoom Mooca, de 2004, é de autoria de Carlos Leite e Mario Biselli.

O projeto Zoom Mauá, de 2004, é de autoria de Carlos Leite, Mario Biselli, Monica Brooke e Artur Katchborian, com colaboração de Daniele Spadotto.

O projeto Diagonal Sul, de 2008, é de autoria de Carlos Leite e equipe: Eduardo Della Manna e Bernd Rieger. Também participaram do trabalho apresentado na Urban Age/London School of Economics, os seguintes profissionais: Nádia Somekh (consultora em desenvolvimento urbano); Cláudio Bernardes e João Crestana (desenvolvimento); Joerg Spangenberg (sustentabilidade); Lourenço Gimenez (circulação); Thiago Duarte e João Paulo Daolio (desenho urbano).

Diagonal Sul, Eixo Ipiranga-Tamanduateí, implantação linear aos elementos estruturadores, rio e ferrovia.

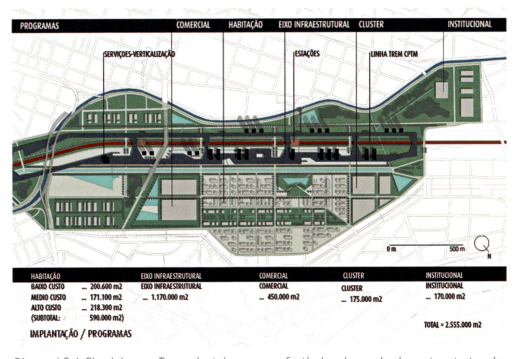

Diagonal Sul, Eixo Ipiranga-Tamanduateí, programa factível ao longo do elemento estruturador, a marquise linear.

O elemento estruturador, a marquise linear, adensa sobre a base de uso coletivo.

A marquise linear central ressalta a cidade de uso coletivo.

A marquise linear central constrói-se em múltiplos níveis.

Os núcleos de adensamento qualificado, moradia e conexões urbanas.

CLUSTER URBANO I
MONTREAL ATELIERS
ANGUS

Trata-se do caso pioneiro em grandes projetos urbanos envolvendo recuperação de *brownfields* e promoção de regeneração urbana e reestruturação produtiva no Canadá.

Pioneiro também na presença das agências canadenses de remediação do solo, a reconversão industrial de um antigo pátio ferroviário da Canadian Pacific Railway que esteve ativo de 1904 a 1992, em uma mistura de usos residenciais, comerciais e industriais ocorreu em duas fases:

- de 1978-94, 44,5 hectares, não remediação do solo;
- de 1998-2006, 50 hectares de terra com remediação de áreas contaminadas.

O urbanista Pierre St-Cyr, autor do projeto urbano de redesenvolvimento urbano do Atelier Angus junto à Canadian Pacific Railway Company, deu um depoimento preciso sobre este trabalho pioneiro que estabeleceu um marco na maneira de intervir em territórios de antigo uso industrial no Canadá:

"Na verdade, a remodelação dos Ateliers Angus gerida pela Canadian Pacific Railway Company definiu muito mais do que um padrão no Canadá. Ela demonstrou que um grande território industrial urbano contaminado (93 hectares de *wastelands*) poderia ser trazido de volta à vida e proporcionar benefícios para a comunidade, a cidade e o proprietário do terreno. Isso trouxe confiança. O desafio original em 1998 tinha a ver com a gestão de tal operação de reabilitação em grande escala que nenhum contratante tinha feito.

Desde então, mais de 12 anos passados, um alto nível de *expertise* foi desenvolvido através daquela operação e outras em Montreal, fazendo da remediação de áreas industriais degradadas quase uma ciência exata. O aumento do valor econômico da terra no centro da cidade com a finalidade de desenvolvimento residencial agora compensam largamente os custos de remediação do solo. Interessante notar que moradores dos subúrbios voltaram à cidade para viver no mesmo território anteriormente ocupado por atividade industrial que, 45 anos atrás, desencadeou a fuga inicial em busca de uma vida melhor atraídos pelos subúrbios – o aumento enorme no custo de transporte e a melhoria do centro da cidade são os responsáveis por essa nova tendência.

A cidade é um organismo vivo. Se Angus tivesse de ser reconstruída agora, em vez de em 1998, seria mais que certamente mais densa. A forma urbana seria de, no mínimo, edifícios de seis andares, em vez do padrão realizado. Varejo e serviços que ocupam espaços térreos e os pátios centrais proporcionariam espaços verdes íntimos. Uma prefeitura dinâmica teria pensado em trazer uma forma moderna de transporte público – trólebus ou elétricos – fazendo a ligação do sítio à área central em 10 minutos. Os cidadãos perceberiam que não precisariam ter carro, e o bairro se tornaria novamente o centro da vida".

De uso misto, este tecnopolo possui 1.200 unidades habitacionais, sendo 40% do total de moradia social, indústrias limpas e escritórios, além de amplas áreas de lazer e verde.

Ingrediente importante, e sempre presente numa sociedade de democracia avançada como a de Montreal, é o processo de participação da comunidade no projeto urbano. Neste caso foi criada a Sociedade de Desenvolvimento Angus (DAS, em inglês) a partir da *Rosemont Petite-Patrie Community Economic Development Corporation* (CEDC) que liderou as discussões por busca de oportunidades de geração de trabalho na futura área.

Dados do projeto urbano:

Localização:
Distrito de Rosemont, Montreal (5 km do centro)

Desenvolvedor:
Canadian Pacific Railway Group Real Estate

Data de conclusão:
Conclusão faseada final de 2006
(Zona Comercial de 2003, Residencial 2005, Industrial 2006)

Área do território:
50,6 hectares

Número e tipo de unidades residenciais:
700 concluídas até o momento: no total, 1.200 residências unidades, 315 residências de aluguel para idosos

Área bruta das unidades:
Aproximadamente 84-232 m^2

Densidade residencial bruta:
23,7 UPH (unidades por hectare)

Espaço aberto paisagístico:
Nove parques total: sete pequenos, dois grandes, incluindo o Jean Duceppe Park, de 2,5 ha

Todas as casas têm um pátio privado, apartamentos têm pequenos pátios comuns.

Altura máxima:
Oito andares (residência senior)

Outros usos:
Supermercado e áreas comerciais, escritórios, indústria leve

Resultados:

- 1.200 unidades residências construídas
- 1.800 novos empregos criados
- Custo da remediação do solo contaminado: U$ 11,5 milhões (U$3,3 milhões pagos pelo Ministério do Ambiente da Província de Quebec, pelo Programa de Remediação de Solo Contaminado)
- Custo de infraestrutura: U$ 34,0 milhões
- Custo de construção de parques: U$ 1,2 milhão
- Valor do projeto de desenvolvimento habitacional: U$ 160,0 milhões
- Valor do projeto de desenvolvimento industrial: U$ 49,0 milhões
- Valor do projeto de desenvolvimento comercial: U$ 25,4 milhões
- Reinvestimento anual de taxas municipais: U$ 4,0 milhões
- Valor total dos investimentos: U$ 285,1 milhões

Ateliers Angus no contexto urbano de Montreal.

Implantação urbana.

Panorama dos diversos usos além do residencial incluindo tecnopolo.

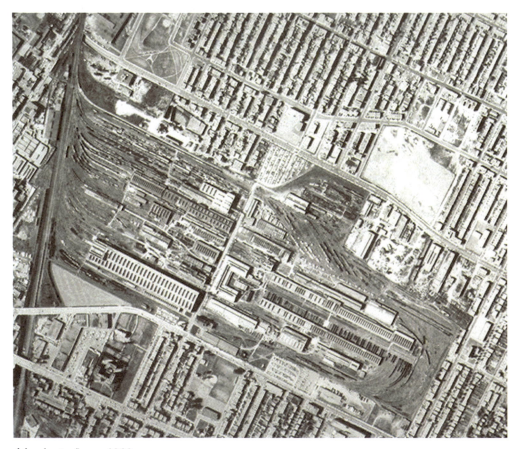

A implantação em 1960.

Vista geral em 1960.

Em duas fases de desenvolvimento, a regeneração urbana incluiu trabalho pioneiro de remediação do solo contaminado.

Amplas áreas de recreação e muito verde foram determinantes na qualidade de vida dos novos moradores.

Em diversos lugares a memória industrial original está incorporada aos novos usos.

Diversidade tipológica em moradia coletiva de qualidade.

Montreal ganhou nova centralidade em território deteriorado.

As antigas estruturas industriais em processo de transformação para usos contemporâneos, oficinas e incubadoras.

Um novo território emerge em Montreal, clusters de escritórios, oficinas e uso residencial.

CLUSTER URBANO I
22@ BARCELONA

As metas estipuladas pela agência 22@BCN são ambiciosas.

Os recentes processos de reestruturação produtiva de territórios industriais em transformação e as novas possibilidades geradas por projetos de inovação urbana e econômica, que se baseiam em atividades produtivas locais, como estratégias de regeneração urbana em cidades "pós-industriais", encontram sua expressão de maior escala na experiência do projeto urbano 22@Barcelona.

O projeto 22@Barcelona prevê a transformação do antigo distrito industrial do Poblenou, localizado na região central de Barcelona. A origem histórica desse bairro foi a expansão da cidade durante os séculos 18 e 19, período que o concretizou como uma zona industrial baseada, primeiramente, no setor têxtil. Sua conversão em uma zona espacialmente atrativa para a implantação de novas atividades econômicas, como serviços avançados, novas tecnologias e gestão do conhecimento, se tornou a nova meta de desenvolvimento local da cidade.

Com o 22@Barcelona, a prefeitura, principal promotora desta experiência, pretende, com um novo modo de ver a cidade, criar um bairro de uso misto de elevada qualidade urbana, necessária para o desenvolvimento das atividades intensivas em conhecimento e em alta tecnologia. Como um instrumento municipal para Barcelona, este projeto supera a baixa densidade, comum nas regiões industriais tradicionais, propondo um espaço denso e complexo, com a intenção de favorecer a interação entre os diversos agentes urbanos e gerar a massa crítica necessária para o desenvolvimento das economias de aglomeração.

O modelo urbano sugerido, com um tempo de desenvolvimento e maturação estimado entre 15 e 20 anos, é, portanto, baseado na diversidade, principalmente na coexistência de atividades cívicas com atividades econômicas, na compactação, na acessibilidade e na sustentabilidade, de acordo com um modelo de cidade coesa e equilibrada, com força econômica e ciência ecológica.

Em uma área de 1,2 milhão de metros quadrados de antigo solo industrial, estima-se a construção de mais de 3 milhões de metros quadrados de espaços destinados aos negócios, incluindo os setores de investigação científica, design e edição, cultura, multimídia e biomedicina, pensados para criar de 100.000 a 130.000 novos postos de trabalho locais, além da construção de 3.500 a 4.000 unidades habitacionais, comércio, escritórios, hotéis e equipamentos diversos, e a legalização das residências que estão atualmente localizadas no bairro.

Planejamento, projeto e instrumentos urbanísticos

Nos anos de 1998 e 1999, houve um intenso debate em Barcelona sobre o destino das áreas reservadas à qualificação industrial. O resultado foi a intenção de renovar a antiga região para transformá-la na principal plataforma econômica e tecnológica da cidade, inserida na nova sociedade do conhecimento. Esta decisão exigiu a modificação do plano geral metropolitano, que estabelecia as determinações urbanísticas de Barcelona e que estava em vigor desde 1976.

Em julho de 2000, foi aprovada a modificação do plano geral metropolitano (MPGM), gerando as condições necessárias para estimular e atrair as atividades econômicas na nova era informacional: centralidade, boa infraestrutura e entorno urbano de qualidade. Uma de suas implicações foi a elaboração também do plano especial de infraestruturas (PEI), capaz de garantir a modernização necessária com novas infraestruturas, redes de telecomunicações, sistemas de energias renováveis, reorganização do sistema de transporte, etc., já que a magnitude das transformações urbanas implicaria uma completa renovação do setor.

Utilizando um mecanismo de participação da comunidade local, segundo legislação e metas elaboradas pela prefeitura de Barcelona, o MPGM substituiu as caracterizações da regulamentação urbanística da zona industrial 22@, transformando-a na moderna 22@, que instaura um novo conceito de espaço produtivo. A partir de nova qualificação urbanística, realiza uma série de ações que facilitam a instalação de empresas inovadoras, deixam de lado o uso estritamente industrial (22@) e propõem a mistura de usos com o intuito de configurar um território equilibrado. Os novos usos permitidos pela nova legislação são: indústrias, oficinas, habitação, comércio, equipamentos especiais previstos pelo MPGM e atividades 22@, que devem ocupar 10% do solo com atividades relacionadas à capacitação, pesquisa e empresa.

O MPGM estabelece novos índices de ocupação do solo como parte de um sistema de incentivos estabelecidos para impulsionar a transformação urbana. A prefeitura acredita que, por meio de ações integradas, esteja ao mesmo tempo concedendo benefícios e direcionando encargos aos proprietários de terra. Os benefícios consistem no incremento do coeficiente de aproveitamento máximo, que passa de 2,0 para 2,7, como incentivo para a implantação de atividades@ (novas tecnologias), e na melhoria do produto imobiliário como consequência da mudança da legislação do uso 22a para o 22@. Por outro lado, os proprietários de terra arcam com boa parte dos custos da urbanização (cerca de 52%).

Os planos especiais são instrumentos urbanos criados para adaptar as diferentes realidades já existentes na região aos resultados finais desejados. Foram estabelecidos pelo MPGM tipos distintos de ações, devido à complexidade das transformações para definir um sistema flexível de planejamento.

A prefeitura impulsiona diretamente o primeiro tipo de plano especial (43% da região), áreas que passam a atuar como motores de transformação, condensadores urbanos e locais de referência, que exigem modificações lentas, progressivas e adaptadas às condições preexistentes do lugar, evitando traumas na implantação de novos usos. Nestes casos, a proposta da prefeitura é assumir a estrutura urbana preexistente (das quadras de Cerdá) e aproveitá-la para hierarquizar e especializar as vias: de um lado, as destinadas para a circulação de veículos de motor (transporte público ou privado) e, de outro, as de acessibilidade local, comportando essencialmente o tráfego de bicicletas.

O segundo tipo de ação não tem área de atuação delimitada. Prevê-se que deva ser desenvolvido pela iniciativa privada e aprovado pelo poder local. A iniciativa privada pode participar do processo de transformação nas áreas demarcadas pela prefeitura desde que não exclua a participação pública do processo.

Uma das principais características do MPGM é instrumentar um sistema de transformações flexíveis, ou seja, dar a possibilidade de cada novo projeto de renovação urbana responder à realidade urbanística, econômica e social de seu entorno. Ele procura incentivar o desenvolvimento de intervenções de diversas escalas de edifícios com as mais variadas tipologias e favorece a integração dos elementos de identidade histórica.

Este conceito é evidenciado em medidas como: a previsão de um desenvolvimento progressivo; o respeito às formas dos edifícios, sem estabelecer condições morfológicas desejáveis, permitindo um ajuste dos distintos projetos aos seus respectivos programas funcionais; a parceria entre a iniciativa pública e a privada; e os mecanismos de transformação que permitem diferentes tipos de planos urbanos que se adaptem às situações distintas.

Gestão local: a importância da agência autônoma

A prefeitura de Barcelona criou, em 2000, uma agência autônoma de caráter público, a 22@Barcelona S.A., de responsabilidade jurídica própria, encarregada da gestão dos serviços e das atividades municipais. Esta associação, de capital integralmente público, agrega os instrumentos e as competências adequadas para gerir o processo de transformação do distrito industrial 22@. Seu papel fundamental é impulsionar a transformação da região conforme orientação do poder municipal.

A 22@Barcelona S.A. tem como objetivos desenvolver e executar todas as atividades urbanísticas que se refiram às áreas industriais da região 22@, vinculadas ao planejamento, à gestão, ao projeto e à execução, além de estimular, desenhar, construir e gerir as infraestruturas, os serviços urbanos, os equipamentos e espaços públicos. A organização pretende também promover as áreas industriais e estimular a criação de novas empresas e atividades vinculadas à tecnologia da informação e comunicação.

A associação 22@Barcelona S.A. é, portanto, a principal entidade promotora do projeto criada pela prefeitura. Ao lado está a iniciativa privada, que tem a oportunidade de se instalar na forma de empresas e serviços relacionados às novas atividades econômicas de TIC, serviços avançados e gestão do conhecimento, ou na construção, reabilitação e promoção de residências e escritórios.

Sustentabilidade urbana

O projeto 22@Barcelona termina o processo da transformação de Poblenou e restaura seu dinamismo social, econômico e histórico por meio da transformação de suas áreas obsoletas em um espaço da qualidade urbana e ambiental elevada.

O tecido urbano promove a coexistência de espaços produtivos com espaços residenciais, gerando 30% da terra previamente industrial em novos espaços verdes públicos, favorecendo a necessária vitalidade do espaço urbano o dia inteiro. Ao mesmo tempo, a nova matriz infraestrutural reduz os impactos ambientais e, com o projeto de novas redes, possibilita maior eficiência de energia e promove a gestão mais responsável dos recursos.

Ou seja, o grande diferencial são os altos investimentos em tecnologia ambiental, promovidos pela prefeitura de Barcelona, como matriz básica para a posterior implantação da matriz de construções ambientalmente bem desenvolvidas, tudo *green design*.

Situação atual

Desde a aprovação do projeto, a região tem passado por intensas transformações. A renovação de mais de 50% das áreas industriais teve início, totalizando 33 planos de melhorias urbanas. Desses, 25 são planos promovidos pela iniciativa privada. No setor empresarial, uma centena de empresas já aderiu ao projeto e parte delas já se instalou.

Alguns dos equipamentos previstos pelo MPGM, referentes aos centros de formação profissional e inovação, já estão em funcionamento, como o espaço de novas ocupações, a agência de desenvolvimento local e o espaço de empresas internacionais. Outros estão em fase de construção.

Por outro lado, o processo de regeneração da região encontra-se ainda focalizado nos locais de forte investimento. Áreas adjacentes ainda não foram contempladas com um processo natural de requalificação. Resta saber se a estratégia se expandirá ou se as intervenções assumirão um caráter meramente pontual.

Apesar do esforço por parte do poder público para envolver comunidade local nas decisões do projeto, é importante destacar também a resistência de parte desta no que diz respeito às transformações do bairro, provavelmente pela intensidade do processo de gentrificação, inerente às experiências. Para a vizinhança, a proposta de planejamento da prefeitura é agressiva, pois desfigura a paisagem original do bairro, propõe uma altura excessiva para os novos edifícios e permite a ocupação do interior das quadras, até então reservadas como espaço semiprivado. Os planejadores urbanos da prefeitura argumentam que a altura excessiva de alguns edifícios é necessária para que espaços verdes e equipamentos públicos possam ser garantidos a toda a população e que o poder público seguiu as exigências da legislação municipal quanto à exposição do projeto para debates e participação pública.

Willy Muller, diretor do Instituto de Arquitetura Avançada da Catalunha (IaaC) e recém-nomeado diretor geral da Barcelona Regional (agência pública de projetos metropolitanos) deu importante depoimento:

"Grande parte do sucesso atribuído a Barcelona em todos esses anos deve-se a ter compreendido que prestigiados arquitetos deveriam estar ocupando funções importantes na administração pública. Os novos arquitetos paulistanos estão dispostos a assumir esta responsabilidade para liderar e não apenas projetar? Grande parte do desafio estratégico não se produzirá na escala da arquitetura, nem dependerá apenas da qualidade dos edifícios.

As grandes transformações urbanas se fazem não apenas com os projetos estratégicos adequados, mas também sabendo andar na mesma velocidade que o ciclo de mudanças políticas e econômicas, impulsionando mudanças de escala significativas. Barcelona criou uma agência de projetos especiais, a Barcelona Regional, para gerenciar com agilidade essas situações especiais.

Barcelona demonstrou que, quando não foi fiel à sua realidade, suas transformações urbanas importadas foram um fracasso".

Mas o ambicioso projeto não colhe só sucessos, como seria inevitável em qualquer transformação urbana de porte. Embora o projeto tenha muitos elementos do tradicional e invejável urbanismo cidadão catalão, o sintoma agora neste território é o pragmatismo, em que a consulta e a participação perdem prioridade para os novos empreendimentos do mundo globalizado.

Assim como as tentativas anteriores de *clusters* planejados na França, no Japão e na China falharam ao criar urbanismo integrado à cidade existente e de amplo uso cidadão, há limites para a engenharia da criatividade em 22@Barcelona. É muito possível que os problemas de falta de vida em muitos quarteirões de 22@Bracelona sejam ainda decorrentes de um tempo recente de transformação – e devemos lembrar que este é um parâmetro importante no chamamento às classes criativas de moradores e trabalhadores. Porém, só daqui a 15 ou 20 anos, Barcelona poderá verificar se o novo território fez juz à sua tradição de "urbanismo nas ruas".

Vista aérea do antigo território industrial do Poblenou, agora o cluster 22@.

A nova diagonal e o marco urbano, Torre Agbar de Jean Nouvel.

Implantação geral no contexto de Barcelona.

A nova face do Vale do Silício europeu.

A arquitetura contemporânea catalã se sobrepõe ao passado industrial.

As infraestruturas subterrâneas foram o primeiro e fundamental investimento no território.

CLUSTER URBANO I SÃO FRANCISCO MISSION BAY

Projeto urbano baseado em estratégia de inovação urbana e *cluster* de biotecnologia, estabelecendo o desejável processo de reestruturação produtiva de um vazio urbano de 122 hectares, São Francisco Mission Bay ainda enfrenta lentidão na sua implementação.

O objetivo é voltar a fazer a metrópole crescer para dentro, reabilitar funcionalmente suas áreas centrais, em contraposição ao espraiamento periférico típico da urbanização californiana, o que, por si só, já estabelece grande desafio urbanístico.

O projeto urbano de Mission Bay, junto à área portuária de São Francisco, é coordenado pela agência governamental San Francisco Redevelopment Agency e vem sendo construído pelo *developer* Catellus Development (recentemente incorporada pelo grupo FOCIL-MB LLC) e pretende ser um modelo completo e inovador de desenvolvimento urbano sobre uma área metropolitana deteriorada: um vazio urbano de 122 hectares, mais de 120 quateirões. Cria-se uma área habitacional para mais de 10 mil moradores, uma zona de comércio de alta qualidade, uma área de laboratórios e empresas biotecnológicas, uma zona empresarial de alta tecnologia, um hotel de 500 quartos e o novo campus de bioinvestigação da Universidade da Califórnia em São Francisco (UCSF).

O maior elemento funcional do projeto é, naturalmente, o campus científico e de empresas biotecnológicas da UCSF. Orçado em US$ 4 bilhões, o Mission Bay Biosciences Campus deverá ser o maior propulsor no desenvolvimento econômico local desta área tradicionalmente industrial. O campus começou a ser construído há 10 anos, e a sua primeira fase entrou em operação em 2003. Quando totalmente concluído, o investimento deverá ultrapassar US$ 1 bilhão, pretendendo fixar 9 mil pessoas, entre pesquisadores e equipe de apoio. As áreas verdes e de lazer somam 16 hectares e a construção de um braço de água ladeado pelo parque linear de Mission Creek.

Como todos os *clusters* de sucesso, há uma concentração única e fundamental de capital humano de especial talento: avalia-se em cerca de 250 mil pessoas o número de investigadores e técnicos ligados ao setor da biotecnologia nesta região da Califórnia e estima-se o investimento anual em desenvolvimento e pesquisa em mais de US$ 2 bilhões.

Trata-se, como quase sempre no redesenvolvimento urbano-econômico nos Estados Unidos, de um caso clássico de parceria público-privada, no qual as empresas privadas desde cedo participam ativamente do desenvolvimento de todo o projeto. Neste caso, há claramente um forte investimento privado do setor de biotecnologia e pesquisa avançada numa região que, há décadas, se destaca pela sua participação pioneira na nova economia e no setor de alta tecnologia.

Ou seja, a chamada Bay Area, que congrega toda esta região da Califórnia – indo de San Jose a Oakland –, após ver a emergência espontânea do que viria a se tornar o poderoso Vale do Silício, há mais de 30 anos, agora, de modo muito bem planejado, vê surgir uma nova geração de *clusters* ligados à biotecnologia.

Particularmente, a cidade de São Francisco almeja agora liderar a corrida da "bioeconomia", a qual teve aí sua largada, com o efeito estrondoso das descobertas em torno do genoma humano, envolvendo parcerias entre as universidades de São Francisco, Berkeley, Stanford e San Jose e diversos laboratórios privados. Nos últimos anos, essa corrida tem se espalhado por várias cidades da Califórnia e dos Estados Unidos: San Diego e Seattle, por exemplo, concentram também importantes *clusters* de biotecnologia que, como em São Francisco, têm sido mola propulsora de amplos processos de reestruturação produtiva, com importantes reflexos nos seus projetos de regeneração urbana.

Urbanisticamente, também se deve lembrar que este é o último e maior de uma série de projetos de regeneração urbana de áreas industrial-portuárias deterioradas de São Francisco. O processo tem procurado reabilitar diversos dos antigos edifícios industriais e galpões do cais, processo que já havia sido iniciado com os projetos de reciclagem urbana em Fisherman's Wharf e Embarcadero, ao longo da Orla Portuária, e de regeneração urbanísticas de South of Market (SOMA) e Yerba Buena Center.

O projeto Mission Bay teve início na década de 1980, quando a Santa Fe Pacific Realty Corporation, empresa de transportes ferroviários, proprietária de Mission Bay, aceitou a possibilidade de participação da comunidade local na elaboração de um projeto urbanístico para a região. Após várias mudanças significativas no tipo de uso predominante da área e com o cancelamento do concurso público de projetos que havia sido promovido, a proposta final foi efetivamente concluída em

1998, sendo desenvolvida pelo escritório Johnson Fain, de Los Angeles, e contando com a colaboração dos paisagistas Simon Martin-Vegue e Winkelstein & Moris, de São Francisco.

Foi a partir do processo de desenvolvimento desse *urban master plan* que, em 1997, a UCSF promoveu o seu próprio concurso internacional de arquitetura e desenho urbano para a elaboração do novo *campus*, que ocuparia metade de toda a área de Mission Bay. O projeto vencedor é o de Machado, Silvetti & Associates, importante escritório de Boston, com parceria dos arquitetos locais Gordon H. Chong & Partners e dos paisagistas da Olin Partnership, que desenvolveram o já inaugurado parque linear de Mission Creek junto ao novo estádio de *baseball*, na borda da área, para o time do San Francisco Giants. O Pacific Bell Park, inaugurado em 2000, foi um importante instrumento no processo de renovação da região. A localização do estádio garantiu atratividade e uma nova opção de lazer para a comunidade local.

Dois elementos fundamentais no desenvolvimento de projetos urbanos desta natureza e deste porte são infraestrutura e acessibilidade. Como na maioria dos casos, o poder público se encarregou de prover ambos. Toda uma rede subterrânea de infraestrutura, incluindo fibra ótica e cabeamentos ultramodernos, tem sido implementada.

Novos acessos foram criados, ligando o território ao restante do centro da cidade, e ampliações de linhas de transporte público também foram feitas. A grande e maior inovação neste aspecto foi o alto investimento no transporte público sobre trilhos, através da extensão da linha de metrô de superfície (MUNI), que passou a conectar a região com o distrito financeiro da cidade. Mission Bay é agora servida pelo MUNI, novas linhas de ônibus e uma nova estação de trem, a Cal-Train Station, que interliga todo o Vale do Silício. O mais interessante, entretanto, é o reaproveitamento do leito ferroviário original, passando pelo corredor da Third Street e cruzando todo o território de Mission Bay.

Em 2010, haviam sido construídas mais de 3 mil unidades de moradia, sendo pouco mais de 600 de habitação social. Mais de 150 mil m^2 de espaços comerciais estavam implantados, com sete edifícios da UCSF em funcionamento e 5 hectares de parques e áreas de lazer.

Observa-se uma vida urbana já presente na área habitacional junto a Mission Creek com moradia, comércio e serviços funcionando neste belo trecho de cidade na borda da "velha São Francisco". Toda a parte do *cluster* de biotecnologia e campus da UCSF também está ativa, porém sem a desejável presença de gente nas ruas – chega-se predominantemente de carro e vai-se aos prédios de alta tecnologia.

A maior crítica está relacionada aos preços exorbitantes da moradia, equivalentes às áreas mais caras da cidade.

Enfim, trata-se, assim como em Barcelona, de intervenção grandiosa em sua escala, cujo tempo de implantação sempre é longo.

Sob o aspecto mais funcional da reestruturação produtiva do território, os ganhos já são perceptíveis.

Como elo fundamental nos contínuos processos de reinvenção urbana e reestruturação produtiva, incentivando a desejável permanência da vida metropolitana, há, neste caso, a fortíssima e invejável tradição da presença de uma economia da educação e cultura avançadíssima, que vai da maior universidade pública do planeta – Universidade da Califórnia, Berkeley – a inúmeras instituições avançadas de estudos e pesquisa, públicas e privadas, fazendo desta a terceira megarregião mais inovadora do mundo e a primeira em número de cientistas de ponta, conforme estudo de Richard Florida (2005).

Sob o aspecto da regeneração urbana, assim como Barcelona, teremos que aguardar mais de uma década para avaliar a verdadeira forma de apreensão deste território por parte dos novos usuários.

O território oportuno junto a Bay Area.

122 hectares de novo bairro, vizinho à área central de São Francisco.

O cluster de biotecnologia e a área residencial ao fundo.

Implantação geral.

Panorama a partir do novo campus da UCSF.

As novas tipologias habitacionais.

CONCLUSÃO

As cidades são o maior artefato já criado pelo homem. Sempre foram objetos de desejos, desafios, oportunidades e sonhos.

E as nossas cidades? Decisão política, boas ideias e competência na gestão urbana sempre serão bem-vindas, e algumas cidades atuais demonstram isso claramente e jogam otimismo no futuro das nossas cidades. Curitiba iniciou, há 20 anos, o processo, e suas boas práticas (sistema integrado de transportes coletivos, com destaque para os corredores de ônibus expressos, BRT, ligados a corredores planejados de adensamento; coleta seletiva de lixo; rede polinucleada de parques) devem ser replicadas cada vez mais, pois a sociedade civil organizada exigirá.

Nossas duas megacidades, São Paulo e Rio de Janeiro, trazem parâmetros oportunos importantes. O incrível *boom* imobiliário atual (terceiro maior do planeta), aliado à pujança do setor da construção civil e à força econômica de São Paulo e Rio, além da concentração, rara no Brasil, dos famosos 3Ts – Talento, Tecnologia e Tolerância – essenciais para a inovação urbana, pode alavancar as desejáveis reinvenções dessas cidades. Resta ao nosso mercado imobiliário incorporar melhor as lições que as cidades campeãs em inovação no mundo estão promovendo ao aliar, à pujança econômica, modelos urbanístico mais interessantes, com maior sociodiversidade espacial, como menos condomínios fechados e distantes.

A conurbação territorial ganha inovação importante a partir da chegada do trem de alta velocidade ligando Rio e São Paulo, com o início das operações previsto para 2016. A renovação das infraestruturas dessas cidades já começou e promete aliar-se a grandes investimentos públicos e privados nos próximos anos, o que seguramente determinará esta megarregião como a principal não apenas do país, mas de todo o hemisfério sul.

Não há mistério. O século 21 mostra, cada vez mais, a substituição da economia fordista industrial pela nova economia: a de serviços, cada vez mais avançados. É óbvio que as cidades do futuro se pautarão assim também, serão polos numa imensa rede global de conexões inteligentes.

As pessoas serão usuárias dos diversos sistemas e terão, cada vez mais, acesso *on line* a todos os serviços urbanos, do consumo de água à escolha do posto de saúde. Do compartilhamento de *smart cars* à execução de trabalho em lugares flexíveis, espaços sem dono fixo, compartilháveis.

Resta saber como tudo isso será acessível, democrático, inclusivo.

Novamente, olhemos a história das cidades e lembremos que elas sempre foram o espaço das contradições e dos conflitos de suas sociedades.

Seria ingênuo pensar que as inovações tecnológicas do século 21 propiciarão maior inclusão social e cidades mais democráticas por si só.

Mas as oportunidades, tanto pelo desenvolvimento sustentável quanto pelos sistemas de informação, cidades sustentáveis e inteligentes, estão lançadas. As ferramentas estão disponíveis.

Agora o desafio é elevar o patamar da qualidade de vida de nossas cidades. Aliar ao crescimento a sustentabilidade e inteligência. Social, ambiental e econômica. Os territórios informais podem integrar-se positivamente ao conjunto da cidade a partir de olhares também de baixo-para-cima e de um urbanismo de microescala aliado às questões estratégicas. O déficit habitacional pode ser superado com design massivo. As infraestruturas devem ser desenvolvidas com gestão competente e não corrupta, a começar pelo desafio da mobilidade urbana. Os espaços de uso coletivo podem voltar a fazer parte integrante de todas as nossas cidades e em todo o território, assim como o gradiente verde, as águas e as ciclovias. As construções sustentáveis, verdes, devem ser buscadas continuamente, e isso está ocorrendo de modo cada vez mais profissional e qualificado, mas não é suficiente – a cidade sustentável é muito mais que o conjunto de edifícios verdes. As oportunidades cada vez mais estarão por diversos núcleos da cidade, espalhadas, promovendo e gerando externalidades positivas, da cidade global ao território informal. É natural que os desafios da exclusão e segurança, faces da mesma moeda, sejam superados com o conjunto integral de medidas que melhoram gradativamente a qualidade de vida em nossas cidades, além da elevação da qualidade e acessibilidade a serviços de saúde e educação. Governança: estamos vivendo o momento mais propício para irmos além dos governos oficiais, institucionais: compartilhamento, wiki, centros de informação da cidade, redes de cidades e bairros, etc.

Procurei investigar estas questões, pois as considero os grandes desafios da cidade contemporânea: questões ambientais, moradia, mobilidade, exclusão e segurança, oportunidades, governança. Elas aparecem em diversos momentos e com diversos enfoques nos conceitos e nos casos ao longo do livro. Os estudos de caso da segunda parte ilustram as possibilidades de desenvolvimento urbano sustentável a partir das grandes intervenções urbanas, importantes não por conta de sua complexidade ou porte, mas porque sinalizam o redesenvolvimento da cidade para dentro, o como fazer cidades compactas. Os diversos exemplos de pequena e microescala completam esta abordagem e vice-versa. Não são excludentes.

Tenho investigado como podemos construir, coletivamente, cidades mais sustentáveis e inteligentes há muitos anos.

Tenho levado a debate estas questões, conceitos e casos aos mais diversos fóruns: academia, entidades organizadas e respresentativas, representantes da "sociedade informal", tais como as lideranças dos territórios informais, empresários, o terceiro setor, governos. A intenção não é fechar verdades absolutas, mas abrir as questões ao debate qualificado. Tudo aqui colocado pode ser debatido. De cada encontro, palestra, debate, *workshop* que participo, no Brasil e internacionalmente, saio com mais informações interessantes e indagações. Tenho tido oportunidade de ouvir relatos de iniciativas muito interessantes de lideranças empresariais e de personagens advindos da cidade formal, assim como me emociono ao ver diversas iniciativas presentes nos territórios informais e mais pobres de nossas cidades. Em comum, a vontade genuína de promovermos cidades melhores, que pode aparecer num *workshop* em Heliópolis ou na discussão com empresários sobre como construir Centros de Informação da Cidade em São Paulo.

Talvez a maior novidade, e a grande oportunidade, seja simples: a cidade tornou-se a maior pauta do planeta nesta primeira década do século 21.

REFERÊNCIAS

ALTENBURG, T.; MEYER-STAMER, J. How to promote clusters: policy experiences from Latin America. *World Development*, v. 27, n. 9, p. 1693-1713, 1999.

AMATO NETO, J. *Redes de cooperação produtiva e clusters regionais*: oportunidades para as pequenas e médias empresas. São Paulo: Atlas, 2000.

ANGOTTI, T. New anti-urban theories of metropolitan region: "Planet of slums" and apocalyptic regionalism. In: CONFERENCE OF THE ASSOCIATION OF COLLEGIATE SCHOOL OF PLANNERS OCTOBER, 27., 2005.

ARQUITETÔNICO. *Requalificação urbana*: favelas e ocupações irregulares. O projetar da cidade para além das minorias. 29 ago. 2011. Disponível em: <http://www.arquitetonico.ufsc.br/requalificacao_urbana>. Acesso em: 5 mar. 2012.

AUDRETSCH, D. B. *The entrepreneurial society*. Oxford: Oxford University, 2007.

BENKO, G. *Economia, espaço e globalização na aurora do século XXI*. 3. ed. São Paulo: Hucitec, 2002.

BOGDANOVIC, B.; CASTRO, P. G.; URSA, K. *La ciudad y la muerte*. Barcelona: SD EDICIONS, 2010.

BORJA, J.; CASTELLS, M. *Local and global*: the management of cities in the information age. London: Earthscan, 1997.

BRIGGS, G. The intelligent city: ubiquitous network or humane environment? In: JENKS, M.; DEMPSEY, N. *Future forms and design for sustainable cities*. Amsterdam: Architectural, 2005.

BURDETT, R.; SUDJIC, D. (Ed.). *The endless city*: the urban age project by the London School of Economics and Deutsche Bank's Alfred Herrhausen Sociey. London: Phaidon, 2010.

CALTHORPE, P. *Urbanism in the age of climate change*. Washington: Island, 2011.

CARROS devem deixar de ter prioridade, defendem especialistas na CICI2010. In: CONFERÊNCIA INTERNACIONAL DE CIDADES INOVADORAS, 10-13 mar. 2010. Disponível em: <http://www.cici2010.org.br/News10065content95744.shtml>. Acesso em: 5 mar. 2012.

CASTELLO, L. *A percepção de lugar*: repensando o conceito de lugar em Arquitetura-Urbanismo. Porto Alegre: PROPAR / UFRGS, 2007.

CASTELLS, M. *A sociedade em rede*. São Paulo: Paz e Terra, 2009.

CASTELLS, M.; HALL, P. *Technopoles of the world*: the making of twenty-first-century century industrial complexes. London: Routledge, 1994.

CIB. *Agenda 21 on sustainable construction.* 1999. (CIB Report Publication 23). Disponível em: <http://cic.vtt.fi/eco/cibw82/A21.htm>. Acesso em: 5 mar. 2012.

DAVIS, M. *Planeta favela.* São Paulo: Boitempo, 2006.

DEAR, M. *The postmodern urban condition.* Oxford: Blackwell, 2001.

DENIG, S. (Org). *Sustainable urban infrastructure*: research report. München:

Siemens AG, 2011. Sustainable Cities Program.

DUANY, A.; PLATER-ZYBERK, E.; SPECK, J. *Suburban nation*: the rise of sprawl and the decline of the American dream. New York : North Point, 2010.

FLORIDA, R. L. *Cities and the creative class.* New York: Routledge, 2005.

FLORIDA, R. L. *Who's your city?*: how the creative economy is making where to live the most important decision of your life. New York: Basic Books, 2008.

GEHL, J.; ROGERS, R. *Cities for people.* Washington: Island, 2010.

GLAESER, E. L. *Cities, agglomeration and spatial equilibrium.* Oxford: Oxford University, 2008.

GLAESER, E. L. *Economics approach to cities.* Cambridge: National Bureau of Economic Research, 2007.

GLAESER, E. L.; KAHN, M. *The greenness of cities.* Cambridge: Taubman Center for State and Local Government, 2008. (Policy Briefs).

GORE, A. *Nossa escolha*: um plano para solucionar a crise climática. Barueri: Amarilys, 2009.

HALL, P. The age of the city: the challenge for creative cities. In: LING, O. G.; YUEN, B. (Ed.). *World cities*: achieving liveability and vibrancy. Singapore: World Scientific, 2010.

HUTTON, T. A. *The new economy of the inner city*: restructuring, regeneration and dislocation in the 21st century metropolis. New York: Routledge, 2010.

IGLIORI, D. C. *Economia dos clusters industriais e desenvolvimento.* São Paulo: Iglu/FAPESP, 2001.

JACOBS, J. *Morte e vida das grandes cidades.* São Paulo: Martins Fontes, 2003.

JENKS, M.; BURGESS, R. (Ed.). *Compact cities*: sustainable urban forms for developing countries. London: Spon, 2000.

KLINK, J. J. *A cidade-região*: regionalismo e reestruturação no grande ABC paulista. Rio de Janeiro: DP&A, 2001.

KOOLHAAS, R. *Keynote lecture on two strands of thinking in sustainability*: advancement vs. apocalypse. In: ECOLOGICAL URBANISM CONFERENCE, 2009, Cambridge.

KRUGMAN, P. G*eography and trade.* Cambridge: MIT, 1991.

KRUGMAN, P. Stranded in Suburbia. *New York Times*, 2008 May 19. Disponível em: <http://www.nytimes.com/2008/05/19/opinion/19krugman.html>. Acesso em: 5 mar. 2012.

LEITE, C.; TELLO, R. *Indicadores de sustentabilidade no desenvolvimento imobiliário urbano*: relatório de pesquisa. São Paulo: Fundação Dom Cabral/Secovi, 2010.

LEITE, C.; SOMEKH, N. Steering regeneration in cities. In: URBAN AGE. *Cities and social equity*: inequality, territory and urban form: detailed report. London: Urban Age Programme, 2009. cap. 7.

LYNCH, K. *City sense and city design*: writings and projects of Kevin Lynch. Cambridge: MIT, 1990.

MAAS, W. A tool to make cities: an architecture report. *Domus*, n. 861, 2003.

MAU, B.; LEONARD, J.; INSTITUTE WITHOUT BOUNDARIES. *Massive change*. London: Phaidon, 2004.

MCDONOUGH, W.; BRAUNGART, M. *Cradle to cradle*: remaking the way we make things. New York: North Point, 2002.

MEYER, R. Atributos da metrópole moderna. *São Paulo Perspec*, v. 14, p. 4, p. 3-9, 2000.

MEYER, R. M.; GROSTEIN, M. D.; BIDERMAN, C. *São Paulo metrópole*. São Paulo: Edusp, 2004.

MUSIL, R. *O homem sem qualidades*. Rio de Janeiro: Nova Fronteira, 2006.

NEVIUS, C. W. AT&T Park at 10: a home run of an urban concept. *San Francisco Chronicle*, 2010 Apr 11. Disponível em: <http://www.sfgate.com/cgi-bin/article.cgi?f=/c/a/2010/04/11/MN731C-SA8F.DTL&tao=all>. Acesso em: 01 mar. 2012.

NEWMAN, P.; KENWORTHY, J. Gasoline consumption in cities: a comparison of US cities with a global survey. *J Am Plan Assoc*, v. 55, p. 24-37, 1989.

NUNES, B. A demolição das paredes invisíveis: cantinho do céu e plano diretor da Rocinha: dois projetos urbanísticos realizados em favelas que deram certo em São Paulo e no Rio de Janeiro. Revista Veja: Ciência, 04 dez. 2011. Disponível em: <http://veja.abril.com.br/noticia/ciencia/a--demolicao-das-paredes-invisiveis>. Acesso em: 2 mar. 2011.

OWEN, D. *Green metropolis*: why living smaller, living closer, and driving less are keys to sustainability. New York: Riverhead Books, 2009.

PEIXOTO, N. B. *Paisagens urbanas*. São Paulo: SENAC, 2003.

PEÑALOSA, E. Numa cidade avançada, ricos usam o transporte público. *Folha de São Paulo*, 8 dez. 2008.

PIORE, M. J.; SABEL, C. *The second industrial divide*. New York: Basic Books, 1984.

POLENSKE, K. *The economic geography of innovation*. Cambridge: Cambridge University, 2007.

PORTER, M. E. *Clusters and the new economics of competition*. Cambridge: Harvard, 1998. p. 77-91. Harvard Business Review.

RODWIN, L.; SAZANAMI, H. *Deindustrialization and regional economic transformation*: the experience of the United States. Boston: Unwin Hyman, 1989.

ROGERS, R. *Cidades para um pequeno planeta*. Barcelona: Gustavo Gili, 2001.

ROSA, M. *Micro planejamento urbano*: práticas urbanas criativas. São Paulo: Cultura, 2011.

SACHS, J. *A riqueza de todos*: a construção de uma economia sustentável em um planeta superpovoado, poluído e pobre. Rio de Janeiro: Nova Fronteira, 2008.

SALOMÃO, A.; ROSENBURG, C. Nosso futuro é urbano. Que futuro? *Época Negócios*, v. 15, maio 2008. Disponível em: <http://www.nossasaopaulo.org.br/portal/files/1218748.pdf>. Acesso em: 5 mar. 2011.

SANTOS, M. *O país distorcido*: o Brasil, a globalização e a cidadania. São Paulo: PubliFolha, 2002.

SASSEN, S. *Sociologia da globalização*. Porto Alegre: Artmed, 2010.

SASSEN, S. South American cities and globalisation. In: URBAN AGE SOUTH AMERICA CONFERENCE, 2008, São Paulo. *Selection of draft essays*. London: Urban Age, 2008.

SAXENIAN, A. *Regional advantage*: culture and competition in Silicon Valley and Route 128. Cambridge: Harvard University, 1994.

SCHMITZ, H. *Local enterprises in the global economy*: issues of governance and upgrading. Cheltenham: Edward Elgar, 2004.

SCHUMPETER, J. *Capitalism, socialism and democracy*. New York: Harper & Brothers, 1942.

SCOTT, A. J. *The cultural economy of cities*: essays on the geography of image-producing industries. London: SAGE, 2000.

SCOTT, A.; STORPER, M. Indústria de alta tecnologia e desenvolvimento regional: uma crítica e reconstrução teórica. *Espaço e Debates*, ano VII, n. 25, 1988.

SIMMIE, J. *Innovative cities*. London: Spon, 2001.

SOJA, E. W. *Postmetropolis*: critical studies of cities and regions. Malden: Blackwell, 2000.

SOLÁ-MORALES RUBIÓ, I. *Territorios*. São Paulo: Gustavo Gili, 2002.

SUZIGAN, W. et al. Sistemas locais de produção: mapeamento, tipologia e surgimento de políticas. *Revista de Economia Política*, v. 24, n. 3, 2004.

THE ECONOMIST. *The density of nations*. 2007. Disponível em: <http://www.economist.com/blogs/freeexchange/2007/09/the_density_of_nations.cfm>. Acesso em: 2 mar. 2012.

THOREAU, H. *Civil disobedience*. York: Empire Books, 2011. Publicado originalmente em 1848.

UNITED NATIONS. *Report of the World Commission on Environment and Development*: Our Common Future. 1987. Disponível em: <http://www.un-documents.net/wced-ocf.htm>. Acesso em: 5 mar. 2012.

VEIGA, J. E. da. *Desenvolvimento sustentável*: o desafio do século XXI. Rio de Janeiro: Garamond, 2005.

WILSON, D. *5 cities that ruled the world*. Nashville: Thomas Nelson, 2009.

Leituras sugeridas

ASHEIM, B.; COOKE, P.; MARTIN, R. (Ed.). *Clusters and regional development*: critical reflections and explorations. Londres: Routledge, 2010.

BARCELONA. *22@Barcelona*. Disponível em: <http://www.22barcelona.com/>. Acesso em: 5 mar. 2012.

BARCELONA ACTIVA. *Un nuevo urbanismo para una nueva economia*. [Barcelona: Agência de Desenvolvimento Local Barcelona Activa, 2000].

BISHOP, P. Shaping cities in a complex world. In: CONFERÊNCIA INTERNACIONAL DE CIDADES INOVADORAS, 2010, Curitiba.

BOGARTT, W. T. *Don't call it sprawl*: metropolitan structure in the 21st century. Cambridge: Cambridge University, 2006.

BOWMAN, A. O.; PAGANO, M. A. *Terra incognita*: vacant land and urban strategies. Washington: Georgetown University, 2004.

BROTCHIE, J. et al. *Cities in competition*: productive and sustainable cities for the 21st century. Melbourne: Longman Australia, 1995.

CASTELLS, M. *A era da informação*: economia, sociedade e cultura. 8. ed. São Paulo: Paz e Terra, 2005.

COCQUET, P. Digital city in the next five years. In: CONFERÊNCIA INTERNACIONAL DE CIDADES INOVADORAS, 2010, Curitiba.

DIAMOND, J.; LIDDLE, J.; SOUTHERN, A. (Ed.). *Urban regeneration management*: international perspectives. New York: Routledge, 2010.

DUARTE, F. *Cidades na sociedade de informação*: clusters urbanos. São Paulo: Vitruvius, c2000-2011. Disponível em: <http://www.vitruvius.com.br/arquitextos/ arq000/esp301.asp>. Acesso em: 4 jul. 2011.

FRANKE, S.; VERHAGEN, E. *Creativity and the city*: how the creative economy is changing the city. Rotterdam: NAi, 2005.

FUJITA, M.; KRUGMAN, P.; VENABLES, A. J. *The spatial economy*: cities, regions and international trade. Cambridge: MIT, 1999.

GERTLER, M. *Creative cities*: what are they for, how do they work, and how do we build them? Ottawaa: Canadian Policy Research Networks Inc., 2004. (Background Paper F|48 Family Network).

GIRARDET, H. *Cities, people, planet*: urban development and climate change. 2nd ed. Chichester: John Wiley & Sons, 2008.

GLAESER, E. L.; BERRY, C. R. *Why are smart places getting smarter?* Cambridge: Taubman Center for State and Local Government, 2006. (Policy Briefs PB-2006-2).

GRAHAM, S.; MARVIN, S. *Splintering urbanism*: networked infrastructures, technological mobilities and the urban condition. London: Routledge, 2001.

HALL, P. *Generation of innovative milieux*: an essay in theoretical synthesis. Berkeley: IURD/UC Berkeley, 1990. (IURD Working Paper, n. 505).

HALL, P. G.; PFEIFFER, U. *Urban future 21*: a global agenda for twenty-first century cities. London: E & FN Spon, 2000.

HAWKEN, P.; LOVINS, A.; LOVINS, L. H. *Natural capitalism*: creating the next industrial revolution. New York: Back Bay Books, 2008.

HAZEL, G.; MILLER, D. *Desafios das megacidades*: uma perspectiva dos stakeholders. São Paulo: Siemens, 2007. Projeto de pesquisa realizado pela GlobeScan e MRC McLean Hazel.

IBM INSTITUTE FOR BUSINESS VALUE. *A vision of smarter cities*: how cities can lead the way into a prosperous and sustainable future. Somers: IBM, 2009.

INTERNATIONAL JOURNAL OF INNOVATION AND REGIONAL DEVELOPMENT. Intelligent clusters, communities and cities: enhancing innovation with virtual environments and embedded systems. *IJIRD*, v. 1, n. 4, 2009. Special issue.

INTERNATIONAL YEAR OF PLANET EARTH. *Megacidades*: o nosso futuro global. Trondheim: IYPE, 2007.

JACOBS, J. *Cities and the wealth of nations*: principles of economic life. New York: Random House, 1984.

JENKS, M.; DEMPSEY, N. (Ed.). *Future forms and design for sustainable cities*. Amsterdam: Architectural, 2005.

JOHNSON, B. Cities, systems of innovation and economic development. *Innovation*: Management, Policy & Practice, v. 10, n. 2-3, p. 146-155, 2008.

KIRKWOOD, N. (Ed.). *Manufactured sites*: rethinking the post-industrial landscape. London: Spon, 2001.

KNUDSEN, B. et al. *Urban density, creativity, and innovation*. 2007. Disponível em: <http://www.creativeclass.com/rfcgdb/articles/Urban_Density_Creativity_and_Innovation.pdf>. Acesso em: 11 jul. 2011.

KOMNINOS, N. *Intelligent cities and globalization of innovation networks*. New York: Routledge, 2008.

KOOLHAAS, R. et al. *Mutations*. Barcelona: Actar, 2001.

KOOLHAAS, R.; MAU, B. *Small, medium, large, extra-large*. 2nd ed. New York: Monacelli, 1998.

LEE, K. N. An urbanizing world. In: THE WORLDWATCH INSTITUTE. *State of the world 2007*: our urban future. New York: W.W. Norton & Company, 2007. p. 3-21.

LEITE, C. Building the unfinished: urban interventions in Sao Paulo. In: SIEMBIEDA, W.; DEL RIO, V. (Org.). *Contemporary urban design in Brazil*: beyond Brasilia. Gainesville: University of Florida, 2009. v. 1, p. 311-312.

LERNER, J. *Acupuntura urbana*. Rio de Janeiro: Record, 2003.

LIPIETZ, A. O local e o global: personalidade regional ou inter-regionalidade? *Revista Espaço & Debate*, ano XIV, n. 38, p. 10-20, 1994.

LUNGO, M. Large urban projects: a challenge for Latin American cities. *Land Lines*, v. 14, n. 4, 2002.

MAAS, W.; SVERDLOV, A.; WAUGH, E. *Visionary cities*. Rotterdam: NAi, 2009.

MARQUES, J. *Clusters*: instrumento estratégico de regeneração urbana e urbanismo sustentavel. 2005. Dissertação (Mestrado) – Universidade Presbiteriana Mackenzie, São Paulo, 2005.

METROPOLITAN POLICY PROGRAM, LSE CITIES. *Global metro monitor*: the path to economic recovery: a preliminary overview of 150 global metropolitan economies in the wake of the great recession. Washington: Metropolitan Policy Program; London: LSE Cities, 2010.

MITCHELL, W. J. Intelligent cities. *UOC Papers*, n. 5, 2007. Disponível em: <http://www.uoc.edu/uocpapers/5/dt/eng/mitchell.pdf>. Acesso em: 11 jul. 2011.

MITCHELL, W. J.; BORRONI-BIRD, C. E.; BURNS, L. D. *Reinventing the automobile*: personal urban mobility for the 21st century. Cambridge: Massachusetts Institute of Technology, 2010.

MITCHELL, W. J.; CASALEGNO, F. *The connected sustainable cities*. Cambridge: MIT Mobile Experience Lab, 2008.

MONTEIRO, F. et al. *Megacities and climate change*: sustainable urban living in a changing world. London: LEAD International, 2008.

MORRIS, D. *It's a sprawl world after all*: the human cost of unplanned growth and visions of a better future. Gabriola: New Society, 2005.

MVRDV. *MVRDV*: Km3: Excursions on capacity. Barcelona: Actar, 2006.

OHMAE, K. *The next global stage*: challenges and opportunities in our borderless world. Upper Saddle River: Wharton School, 2005.

PALADINO, G.; MEDEIROS, L. A. (Org.). *Parques tecnológicos e meio urbano*: artigos e debates. Brasília: Anprotec, 1997.

PORTNEY, K. E. *Taking sustainable cities seriously*: economic development, the environment, and quality of life in American cities. Cambridge: MIT, 2003.

PREFEITURA DE BARCELONA. *Un nuevo concepto urbanístico*. [Barcelona: Setor de Urbanismo, 2000].

RABINOVITCH, J. O futuro das cidades: inovação, mito e realidade. In: CONFERÊNCIA INTERNACIONAL DE CIDADES INOVADORAS, 2010, Curitiba.

REGISTER, R. *Ecocities*: rebuilding cities in balance with nature. Oakland: New Society, 2006.

SACHS, I. *Caminhos para o desenvolvimento sustentável*. 3. ed. São Paulo: Garamond, 2008. (Coleção Ideias Sustentáveis).

SATTHERWAITE, D. Cidades e mudancas climaticas. In: URBAN AGE SOUTH AMERICA CONFERENCE, 2008, São Paulo. *Selection of draft essays*. London: Urban Age, 2008.

SHANE, D. G. *Recombinant urbanism*: conceptual modeling in architecture, urban design and city theory. Chichester: Wiley, 2005.

SOLÀ-MORALES, I. *Territorios*. Barcelona: Gustavo Gili, 2003.

SOULE, D.; FITZGERALD, J.; BLUESTONE, B. *The rebirth of older industrial cities*: exciting opportunities for private sector investment. Boston: Center for Urban and Regional Policy; Northeastern University, 2004.

SOUZA, M. A. *Geografias da desigualdade*: globalização e fragmentação. 2. ed. São Paulo: Hucitec, 1993.

STEFFEN, A. (Ed.). *Worldchanging*: a user's guide for the 21st century. New York: Abrams, 2006.

STORPER, M.; VENABLES, A. J. Buzz: face-to-face contact and the urban economy. *J Econ Geogr*, v. 4, n. 4, p. 351-370, 2004.

SURIÑACH, J.; MORENO, R.; VAYÁ, E. (Ed.). *Knowledge externalities, innovation clusters and regional development*. Cheltenham: Edward Elgar, 2007.

TAPSCOTT, D.; WILLIAMS, A. D. *Wikinomics*: how mass collaboration changes everything? New York: Portfolio Hardcover, 2006.

TRIGUEIRO, A. *Mundo sustentável*: abrindo espaço na mídia para um planeta em transformação. Rio de Janeiro: Globo, 2005.

UN-HABITAT. *The United Nations perspective on reinventing planning*. 2007. p. 15-34. (State of World Population 2007).

UNITED NATIONS CONFERENCE ON ENVIRONMENT AND DEVELOPMENT. *The global partnership for environment and development*: a guide to agenda 21. Geneva: UNCED, 1992.

VALLADARES, L.; RETECEILLE, E. *Reestruturação urbana*: tendências e desafios. São Paulo: Studio Nobel, 1990.

WHEELER, S. M.; BEATLEY, T. *Sustainable urban development reader*. London: Routledge, 2008.

CRÉDITO DAS IMAGENS

Páginas 2 e 3: ©Nelson Kon

Página 18: ©Tuca Vieira

Páginas 37, 38 e 39: ©Angelo Bucci e Alvaro Luis Puntoni

Páginas 45, 46 e 47: ©Vinicius Andrade e Marcelo Morettin

Páginas 48 e 49: ©Tuca Vieira

Páginas 53 e 55: ©Juliana Corradini e José Alves

Páginas 63 e 65: ©Daniel Ducci e Fabio Knoll

Página 66: ©Daniel Bittencourt Ducci

Páginas 77, 78 e 79: ©OMA/AMO Office Team

Página 80: ©Tuca Vieira

Páginas 98, 99, 100, 101 e 102: ©Mitchell Joachim

Página 102: ©Carlos Leite

Páginas 121 e 122: ©MVRDV/Rob't Hart

Página 130: ©Carlos Leite

Páginas 163, 164, 165, 166, 167 e 168: ©Iwan Baan e Shu He

Página 171: ©Franco Vairani

Página 176: ©Oscar Edmundo Díaz

Páginas 202 e 203: ©Nelson Kon

Páginas 204, 205, 207 e 208: ©Carlos Leite

Páginas 211 e 212 (topo): ©Thiago Natal Duarte e João Paulo Daolio

Páginas 212 (base) e 213: ©Marcella Carone do Nascimento

Páginas 219 (topo), 220 (topo), 221 (base), 222, 223, 224 e 225: ©Pierre St. Cyr/*Canadian Brownfields Network*

Páginas 219 (base): Google.

Páginas 220 (base) e 221 (topo): ©Canadian Pacific Archives

Páginas 234, 235 e 236 (base): ©22@ Barcelona

Página 236 (topo): ©TAVISA 22@ Barcelona

Páginas 242, 243 e 244: ©San Francisco Redevelopment Agency/Mission Bay Development Group

Página 245: ©Jon Rendell

Página 246: ©Carlos Leite

AGRADECIMENTOS

Allan Jacobs

Alvaro Puntoni

Andrade & Morettin Arquitetos

Angelo Bucci

Antonio Ricarte

Brian McGrath

Claudio Bernardes

Elisabete França

Enrique Peñalosa

Fabiana Stuchi

Federico de Giuli

Franco Vairani

Frentes Arquitetos

Jon Rendell

Josep Pique Huerta

Josef Barat

Juliana Marques

Julio Moreno

Jurandir Fernandes

Manuel Oliveira

Marcia Caines

Marcos Boldarini Arquitetos

Mike Jenks

Michael Southworth

Mitchell Joachim

MVRDV

Nelson Kon

Nicos Kominos

OMA

Oscar Edmundo Diaz

Peter Bosselman

Pierre St-Cyr

Pilar Conesa

Provencher Roy + Associés Architectes

Renata Semin

Richard Florida

Roberto de Souza

San Francisco Redevelopment Agency

Saskia Sassen

Steven Holl Architects

Teresa Calderira

Tuca Vieira

Vanessa Padiá de Souza

Willy Müller

22@Barcelona

ÍNDICE

C
Casos, 195-243
Cidade(s)
  atual, 139
  compactas, 13, 131-175, 157
  conceitos, 1-175
  criativa, 6
  e economia, 67-79
  encolhimento de, 26
  genéricas, 50
  inovadora, 6
  inteligentes, 131-175, 169
  reinvenção das, 3-17
    concentração de tecnologia, 13
    inovação, 13
    sustentabilidade, 13
  reinventada, 6
  sistema das, efeitos das novas tecnologias no, 93
  sustentável, 131-175, 135, 139
Conceito urbanístico geral, 135
  bicicletas, 140
  energias alternativas e renováveis, 140
  florestação de cidades, 141
  green building, 140
  integração do movimento verde, 140
  "mais bairro"/grupos de comunidade local, 140
  "resíduos são bons", 141
  reutilização da infraestrutura ferroviária, 141
  revitalização dos centros (*downtowns*), 140
  trens fazendo um retorno intraurbano, 140
  weekend car-free streets, 141
Construção e desenvolvimento imobiliário urbano, 148
  relação entre capítulos da Agenda 21 e o setor de construção, 151
  sustentabilidade nos setores da, 148
Consumo de combustível e densidade, 147

D
Depoimentos, 177-192
  Barat, Josef, 182
  Bernardes, Claudio, 180
  Florida, Richard, 189
  França, Elisabete, 180
  Jenks, Mike, 186
  McGrath, Brian, 178
  Moreno, Júlio, 185
  Peñalosa, Enrique, 182
  Sales, Pedro, 187
  Sassen, Saskia, 190
  Semin, Renata, 188
  Souza, Roberto de, 190
Densidade e consumo de combustível, 147
Desenvolvimento imobiliário urbano sustentável, 153
Desenvolvimento urbano sustentável, indicadores de, 153

E
Economia criativa, *clusters* urbanos, 103-130
  de alta tecnologia, 112
  definições, 106
  internacionais, 117
  no Brasil, 123
  origem dos, 110
  principais características, 106
Economia criativa, inovação, 88, 103-130
Economia criativa, refuncionalização do território, 127
Economia nova, 42, 67-75

I
Ideias investigadas, reinvenção das cidades, 14
Indicadores de sustentabilidade urbana, temas definidores de, 155

M
Megacidades
  densidade em 2010, 25
  emergência das, 22
  população em 2010, 25
  projeção populacional em 2015, 25
Movimento *Smart Growth*, princípios básicos, 159

Mutações urbanas, 49-64
   cidades genéricas, 50, 57
   vazios urbanos, 56
   mapeamento cognitivo disperso, 58

P
Planeta em movimento, 43
Planeta urbano, 19-47
   cidades, encolhimento de, 26
   e cidades compactas, 13
      concentração de tecnologia, 6
      inovação, 6
      sustentabilidade, 6
   desenvolvimento sustentável, 19-47, 29
      maiores megacidades em 2015 (projeção), 25
      maiores megacidades em densidade em 2010, 25
      maiores megacidades mundiais em 2010, 25
      megacidades, emergência das, 22
      nova economia, 42
      novo padrão de relação social corporativa, 42
      novos indicadores do progresso humano, 42
      visão ampla, 42

R
Reestruturação produtiva e regeneração urbana, 81-97
   economia criativa e inovação, 88
   novas tecnologias no sistema das cidades, efeitos das, 93
Regeneração urbana e reestruturação produtiva, 81-97
   economia criativa e inovação, 88
   novas tecnologias no sistema das cidades, efeitos das, 93

S
Sustentabilidade urbana, mapa mental da, 156

GRÁFICA ODISSÉIA
Av. França, 954 - Navegantes - Cep 90230-220 - Porto Alegre - RS - Brasil
Fone: (51) 3303.5555 - web@graficaodisseia.com.br
www.graficaodisseia.com.br